essentials

essentials liefern aktuelles Wissen in konzentrierter Form. Die Essenz dessen, worauf es als „State-of-the-Art" in der gegenwärtigen Fachdiskussion oder in der Praxis ankommt. *essentials* informieren schnell, unkompliziert und verständlich

- als Einführung in ein aktuelles Thema aus Ihrem Fachgebiet
- als Einstieg in ein für Sie noch unbekanntes Themenfeld
- als Einblick, um zum Thema mitreden zu können

Die Bücher in elektronischer und gedruckter Form bringen das Fachwissen von Springerautor*innen kompakt zur Darstellung. Sie sind besonders für die Nutzung als eBook auf Tablet-PCs, eBook-Readern und Smartphones geeignet. *essentials* sind Wissensbausteine aus den Wirtschafts-, Sozial- und Geisteswissenschaften, aus Technik und Naturwissenschaften sowie aus Medizin, Psychologie und Gesundheitsberufen. Von renommierten Autor*innen aller Springer-Verlagsmarken.

Weitere Bände in der Reihe https://link.springer.com/bookseries/13088

Jens Bregas

Rollenspiele im Assessment Center

Aufbau, Konzeption und
Durchführung für
Eignungsdiagnostiker

 Springer

Jens Bregas
Köln, Deutschland

ISSN 2197-6708   ISSN 2197-6716   (electronic)
essentials
ISBN 978-3-662-65241-1   ISBN 978-3-662-65242-8   (eBook)
https://doi.org/10.1007/978-3-662-65242-8

Die Deutsche Nationalbibliothek verzeichnet diese Publikation in der Deutschen Nationalbiblio-
grafie; detaillierte bibliografische Daten sind im Internet über http://dnb.d-nb.de abrufbar.

Planung/Lektorat: Marion Krämer
Springer ist ein Imprint der eingetragenen Gesellschaft Springer-Verlag GmbH, DE und ist ein Teil
von Springer Nature.
Die Anschrift der Gesellschaft ist: Heidelberger Platz 3, 14197 Berlin, Germany

Das Buch richtet sich an Lesende jeden Geschlechts. Wo es sich anbietet, wurden neutrale Formulierungen gewählt. Anderenfalls wurde aufgrund des besseren Leseflusses auf eine Form beschränkt.

Was Sie in diesem *essential* finden

- Sie erfahren, was im Assessment Center ein „gutes" Rollenspiel ausmacht
- Sie bekommen einen Überblick über Möglichkeiten und Varianten von Rollenspielen im AC
- Sie verstehen die Do's und Don'ts bei der Konzeption von Rollenspielen und können diese anwenden
- Sie erhalten Hinweise für Rollenspieler, wie man in einem AC-Rollenspiel richtig agiert
- Sie lernen die Kritikpunkte am Rollenspiel kennen (und wie man ihnen argumentativ begegnet)

Inhaltsverzeichnis

Einführung 1

Keine Übung wird heute so eng mit dem Assessment Center in Verbindung gebracht wie das Rollenspiel. In der letzten Umfrage des Arbeitskreises Assessment Center e. V. war das Rollenspiel (nach dem Interview) die am zweithäufigsten angewandte Übung in Assessment Centern (Obermann et al., 2016) (Abb. 1.1).

Während das Interview als eignungsdiagnostisches Instrument ausgiebig untersucht wurde und wird (Schuler, 2002; Schuler & Mussel, 2016), ist die Literatur, die sich speziell mit Rollenspielen befasst, sehr überschaubar. Es ist daher Zeit, sich dieser Übung intensiver zu widmen.

Sowohl die AC-Vorbereitungsliteratur (Beitz & Loch, 2009; Hesse & Schrader, 2002; Püttjer & Schmierda, 2019; Stärk, 2021) als auch die AC-Praktiker-Literatur (Fisseni & Preusser, 2006; Jeserich, 1987; Lattmann, 1989; Obermann, 2017; Paschen et al., 2013; Sarges, 1996a; Sünderhauf et al., 2005) behandeln Rollenspiele im Rahmen der Vorstellung der einzelnen AC-Übungstypen. Aber gerade in der Literatur der AC-Praktiker, die eine fundierte und qualitativ hochwertige Konzeption und Durchführung von Assessment Centern zum Ziel hat, kommt die Vorstellung der einzelnen Übungen – und damit auch der Rollenspiele – zu kurz. Häufig wird das Rollenspiel auf wenigen Seiten beschrieben, ergänzt um ein oder zwei Beispiel-Rollenspiele, die den ‚Geist' der Rollenspielübung vermitteln und den Leser zu eigenen Ideen inspirieren sollen. Und auch in der wissenschaftlichen Literatur, die sich speziell mit Assessment Centern als Methode der Potenzialanalyse und Personalauswahl beschäftigt (Kleinmann, 1997, 2013; Schuler, 2007; Schuler & Stehle, 1987), geht es eher um die Güte von Assessment Centern als Ganzes, als dass sie auf einzelne Übungstypen eingeht (eine der wenigen Ausnahmen: Görlich et al., 2007). Daher sollen in

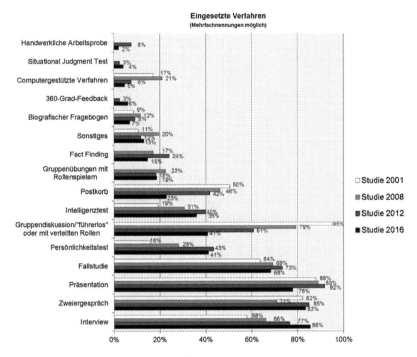

Abb. 1.1 Häufigkeit der verwendeten Übungen im AC (2016); N = 145 beschriebene AC-Verfahren (Obermann et al., 2016)

diesem essentials-Band die Informationen, die sich in der Literatur zur praktischen Ausgestaltung von Rollenspielen finden lassen, zusammengetragen und um vertiefende Hinweise aus der Praxis und für die Praxis erweitert werden.

Im zweiten Kapitel wird das Rollenspiel in seinem Umfeld beleuchtet. Nach der Betrachtung der historischen Wurzeln des Rollenspiels wird aus den gängigen Beschreibungen der Fachliteratur eine Definition von Rollenspielen in der Eignungsdiagnostik abgeleitet und Vorannahmen, die mit der Anwendung von Rollenspielen in Verbindung gebracht werden, beleuchtet. Abschließend wird das Rollenspiel in einer SWOT-Analyse im Vergleich mit anderen AC-Übungen bewertet.

Das dritte Kapitel befasst sich hauptsächlich mit Mitarbeitergesprächen als Führungsinstrument. Da die meisten Assessment Center für Führungspositionen durchgeführt werden, sollen aus den Erkenntnissen über Mitarbeitergespräche

Anforderungen an Führungsrollenspiele abgeleitet werden. Gleichzeitig erhält man erste Hinweise zu möglichen Inhalten (Szenarien) und Rahmenbedingungen von Rollenspielen.

Im vierten Kapitel wird der Frage nachgegangen, was gute Rollenspiele ausmacht und worauf zu achten ist, wenn man Rollenspiele selber konzipiert. Hierbei gibt es nicht immer ein Richtig oder Falsch, sondern unterschiedliche Möglichkeiten, zwischen denen man wählen kann, die man hierfür aber mit ihren Vor- und Nachteilen kennen muss.

Noch konkreter wird es für die Konzeption von Rollenspielen im fünften Kapitel, in dem nacheinander auf die Erstellung von Teilnehmeranweisungen, Rollenspielerunterlagen und Hinweisen für Beobachter eingegangen wird.

Im sechsten Kapitel wird abschließend noch ein Blick auf alternative Anwendungsmöglichkeiten geworfen und typische Kritikpunkte, die in der Praxis häufig bei der Anwendung von Rollenspielen zu hören sind, beleuchtet.

Rollenspiele in der Eignungsdiagnostik 2

2.1 Historische Wurzeln des Rollenspiels und Anwendung in anderen Kontexten

Ihren Ursprung haben Rollenspiele im **klinisch-psychotherapeutischen Bereich** (Jeserich, 1987) und gehen auf den Psychiater und Arzt Jacob Levy Moreno (1890–1973), dem Begründer des Psychodramas, der Soziometrie und der Gruppenpsychotherapie, zurück. Bei ihm stehen die Rollenspiele deutlich in der Tradition der Kurzzeittherapie und werden verstanden *„als Lernhilfe und Trainingsmöglichkeit in Bezug auf zwischenmenschliche Beziehungen, zum indirekten Angehen später zu behandelnder wirklicher Konflikte über fiktive Konflikte, durch Darstellung von vielerlei Rollen meist traditioneller, familiärer oder beruflicher Art"* (Schützenberger, 1976, S. 61). Beim Rollenspiel (ebenso wie bei Psychodrama und Soziodrama) handelt es sich bei Moreno um *„Aktionsmethoden zur Erkundung der Erlebensinhalte eines Menschen"* (Schützenberger, 1976, S. 37), was in seinem Grundgedanken der eignungsdiagnostischen Anwendung im Assessment Center ähnlich ist.

Ein weiteres großes Anwendungsfeld neben dem klinisch-psychotherapeutischen Anwendungsfeld ist das **Managementtraining.** Aus den USA kommend, finden diese in der Bundesrepublik seit der ersten Hälfte der 70er Jahre eine zunehmende Verbreitung (Kochan, 1981), die bis heute anhält (vgl. Schaller, 2006; Kratz, 2013). Hierbei steht der „Als-ob-Charakter" der Rollenspiele (Jung, 2000) im Mittelpunkt, in dem typische oder auch besondere Situationen von Führungskräften, Managern, Verkäufern etc. durchgespielt, erprobt und anhand von Feedback verbessert werden. Rollenspiele haben im Rahmen von Managementtrainings häufig Fallcharakter, deren Beschreibung und Behandlung daher gelegentlich Ausmaße von mehreren Seiten annehmen

J. Bregas, *Rollenspiele im Assessment Center,* essentials, https://doi.org/10.1007/978-3-662-65242-8_2

können (Maier et al., 1977). Der Nutzen dieser Rollenspiele liegt nicht nur bei den unmittelbar Rollenspielenden, sondern auch die Beobachtenden haben einen Nutzen vom Rollenspiel in Form von Modelllernen (Bandura, 1976) sowie gemeinsamer Diskussion und Reflexion der beobachteten Fälle. Im Unterschied zum Assessment Center lernt hier die Gruppe und nimmt jeder Einzelne Erkenntnisse aus den gespielten und gesehenen Rollenspielen mit, während im AC die eignungsdiagnostische Erkenntnis über den AC-Kandidaten im Zentrum steht.

Jung (2000) beschreibt neben diesen beiden großen Anwendungsfeldern noch eine Anzahl **weiterer Anwendungsfelder,** wie z. B. die Entwicklungspsychologie (zur Erfassung von Entwicklungsständen) oder die Sozialpsychologie (zur Erfassung sozialer Kompetenzen). Aber auch in der Erwachsenenbildung (Broich, 1980) oder als Forschungsmethode (Sader, 1986) finden Rollenspiele Verwendung. Günther (2019), der sich aus pädagogischer Perspektive mit Rollenspielen befasst, fasst das Feld noch deutlich weiter, wenn er beispielsweise auch das Theater, Filme, kindliches Puppenspiel, Computerspiele, pantomimische Gesellschaftsspiele (Scharade) oder Cosplay-/Manga-/Anime-Verkleidungen als Formen des Rollenspiels ansieht. Deren Behandlung würde hier aber deutlich vom Anwendungsfeld im Assessment Center wegführen, ebenso das Spielen von Rollen im transaktionsanalytischen Sinne oder erotische Rollenspiele.

In der **Eignungsdiagnostik** sind Rollenspiele seit der Ausbreitung der Assessment Center in Deutschland in den 70er Jahren ein fester Bestandteil (vgl. Jeserich, 1987). Hierbei sind es allerdings bis in die 90er Jahre vor allem Gruppenübungen, weniger dyadische Rollenspiele, die die Assessment Center bestimmen (vergleiche hierzu die Praxisbeiträge in „Assessment Center in der betrieblichen Praxis", Arbeitskreis Assessment Center, 1995). Einer der Gründe kann darin liegen, dass bis dato das Assessment Center primär als Gruppenveranstaltung verstanden wurde und das Einzel-Assessment, in dem schwerlich Gruppenübungen simuliert werden können, sich erst nach und nach durchgesetzt hat (Jeserich, 1996; Obermann et al., 2016). Neben der Anwendung von Rollenspielen in Assessment Centern in Wirtschafts- und Verwaltungsorganisationen werden Rollenspiele mit eignungsdiagnostischer Zielsetzung als zentrales Element beispielsweise bei Einzelprüfungen im Rahmen von IHK-Ausbildungen eingesetzt.

2.2   Definition von Rollenspielen

Definiert werden Rollenspiele in der eignungsdiagnostischen Fachliteratur häufig rein deskriptiv über die Beschreibung dessen, was im Rollenspiel passiert:

Rollenspiele im eignungsdiagnostischen Kontext sind simulierte Gesprächssituationen, in denen ein/e Teilnehmer/in mit (mindestens) einem Rollenspieler zu einem vorher definierten Thema in Interaktion tritt. Weiteres wichtiges Element gängiger Rollenspieldefinitionen ist der Zweck des Rollenspiels im AC-Kontext: **Rollenspiele dienen der Erfassung der sozialen Kompetenzen.** Diese beinhalten allgemein grundlegende Kommunikationskompetenzen, aber auch spezifische Kompetenzen wie Überzeugungsfähigkeit, empathisches Verhalten, Führungskompetenz oder Verhandlungskompetenz oder spezifische Fertigkeiten wie Delegation oder aktives Zuhören.

Viele Definitionen von Rollenspielen nehmen zudem Beschreibungen von äußeren Merkmalen der Rollenspiele als Bestandteile auf, wie zum Beispiel die Rolle des Teilnehmers (Führungskraft, Kollege, Verkäufer), die zeitliche Begrenzung oder das konkrete Gesprächsziel.

Die Bedeutung im AC erlangt das Rollenspiel durch die implizite Annahme, dass sich alle Bestrebungen und Motivationen, alle berufsbezogenen Einstellungen und Annahmen sowie alle Kompetenzen des Kandidaten bzw. der Kandidatin im Assessment Center im real gezeigten Verhalten verdichten. Erst wenn hier erfolgreich gezeigt wird, wie z. B. die zukünftige Führungskraft in der Praxis wirkt (im wörtlichen Sinne von ,Wirkung zeigen'), erlangen die Beteiligten Sicherheit darüber, ob jemand geeignet ist oder nicht. Rollenspiele beinhalten aber noch deutlich mehr Vorannahmen, die zu beleuchten sind.

2.3 Implizite Vorannahmen

Ohne dass es hinterfragt wird, werden bei der Verwendung von Rollenspielen im Assessment Center Vorannahmen gemacht (**Antezedenzien),** die hier für die Konzeption und spätere Bewertung von Rollenspielen reflektiert werden sollten. Auch wenn diese Vorannahmen häufig zutreffen, können sie nur dann richtig bewertet werden, wenn auch klar ist, in welchen Fällen sie nicht zutreffen (Tab. 2.1).

2.4 Das Rollenspiel im Vergleich mit anderen AC-Übungen

Rollenspiele sind nicht ohne Grund die zweithäufigste Art der AC-Übungen. Sie sind eine prototypische Übung zur Bewertung der sozialen Kompetenzen eines AC-Kandidaten. Doch ließen sich soziale Kompetenzen auch mittels anderer

Tab. 2.1 Bewertung der Rollenspiel-Antezedenzien

Annahme	Gegenrede
Ein gelungenes Rollenspiel im AC lässt auf Führungskompetenz in der Praxis schließen	Ein Teil steht für das Ganze. Zwar ist die Gesprächskompetenz für Führungskräfte äußerst wichtig, aber nicht zwingend gleichzusetzen. Führung ist mehr als die Summe der Mitarbeitergespräche
Wird im Rollenspiel eine kritische Situation gemeistert, die typisch für diese Führungstätigkeit ist, gilt dies auch für andere typische Situationen dieser Führungstätigkeit	Vom Einzelfall wird auf andere Fälle verallgemeinert. Zwar ist unwahrscheinlich, dass der AC-Kandidat nur genau diese eine Situation beherrscht, doch hängt die Wahrscheinlichkeit, dass auch andere Situationen beherrscht werden, von der Ähnlichkeit der Situationen ab
Gelingt es einem Kandidaten (nicht), im Rollenspiel ein erfolgreiches Mitarbeitergespräch zu führen, kann er dies auch später (nicht) führen	Die Frage der Konstanz des wahrgenommenen Verhaltens: Gelingt das Rollenspiel, wird schnell von einer überdauernden Kompetenz ausgegangen; gelingt das Rollenspiel nicht, wird ihm/ihr diese Kompetenz abgesprochen und sich die Frage nach dem Potenzial diese Kompetenz zu erwerben gestellt
Was ein Bewerber im Rollenspiel (nicht) zeigt, beherrscht er auch in der Praxis (nicht)	Verallgemeinerung der Situation. Mögliche situative Faktoren des Assessment Centers, die das Rollenspiel und dessen Ergebnis beeinflussen können, werden ausgeblendet
Gelingt es im Rollenspiel dem Kandidaten den Gesprächspartner (Rollenspieler) abzuholen und zu überzeugen bzw. eine gemeinsame Lösung zu erarbeiten, ist dies auch bei anderen Gesprächspartnern möglich	Verallgemeinerung der Personen. Aus dieser Annahme wird der praktische Schluss für die Rollenspieldurchführung gezogen, es dem Kandidaten nicht zu einfach zu machen. Mitarbeiter werden hier eindimensional auf einem Kontinuum von ‚einfache Mitarbeiter' bis ‚schwierige Mitarbeiter' gesehen, und wer mit schwierigeren Mitarbeitern zurechtkommt, kommt auch mit einfachen Mitarbeitern zurecht. Diese Vereinfachung wird der Vielfältigkeit der menschlichen Natur nicht gerecht

(Fortsetzung)

Tab. 2.1 (Fortsetzung)

Annahme	Gegenrede
Das Verhalten, das ein AC-Kandidat im Rollenspiel zeigt, entspricht seinem „natürlichen" Verhalten, das er/sie von sich aus auch im Arbeitsalltag zeigt	Hier wird der Aufforderungscharakter des Assessment Centers übersehen. Der AC-Kandidat wird im AC schriftlich per Anweisung dazu aufgefordert, sich in eine bestimmte Situation zu begeben und sich auf bestimmte Weise zu verhalten. Kommt er/sie diesem Aufforderungscharakter nach, wird dies als positiv bewertet; ansonsten wird es seiner/ihrer Persönlichkeit angekreidet

AC-Übungen erheben, beispielsweise mittels Gruppendiskussion oder (kompetenzbasiertem) Interview. Auch wenn das Rollenspiel zur Erhebung von sozialen Kompetenzen also eine gute und wichtige Übungsform ist, ist sie nicht die Einzige. Daher ist es legitim, Rollenspiele in einer SWOT-Analyse (Tab. 2.2) auch mit anderen Übungstypen zu vergleichen, auch wenn diese eventuell andere Schwerpunkte sowie andere Stärken, Schwächen etc. haben.

Tab. 2.2 SWOT-Analyse des Rollenspiels als AC-Instrument im Vergleich mit anderen AC-Übungen

Stärken	Schwächen
• Hohe Augenschein-Validität / Realitätsnähe • Direkt beobachtbare soziale Kompetenzen • Bessere Standardisierbarkeit als z. B. Gruppendiskussionen • Hohe Akzeptanz bei allen Gruppen von Teilnehmenden • Ökonomisch durchführbar	• Eher punktuelle Erfassung sozialer Kompetenzen • Hohe Abhängigkeit von der Qualität des Rollenspielers • Erhöhte Subjektivität bei der Bewertung durch hohe Kontextabhängigkeit • Laborsituation: keine Beobachtung von realem Verhalten, sondern ‚als-ob-Charakter'
Chancen	**Risiken**
• Vielfalt in der Ausgestaltung und Schwerpunktsetzung – für Konzipierende und Teilnehmende • Relativ geringer Aufwand in der Konzeption; verschiedene Parallelversionen möglich	• AC-Teilnehmende verfügen evtl. noch nicht über den erforderlichen Erfahrungshintergrund, um situationsadäquat in die Rolle zu schlüpfen • Gefahr des sozial erwünschten Verhaltens: bewusstes Schauspielern

Aufbau von Rollenspielen

3

3.1 Rollenspielarten

Als Rollenspiel bei der Stellenbesetzung mittels Assessment Center eignen sich grundsätzlich alle dyadischen Interaktionen,

- die sich im Unternehmenskontext ergeben,
- Relevanz für die avisierte Funktion haben und
- bei denen die Teilnehmenden über die entsprechenden Freiheitsgrade verfügen, zwischen ‚gutem' und ‚weniger gutem' bzw. ‚geeignetem' und ‚weniger geeignetem' Verhalten zu wählen.

Die häufigste Form der Rollenspiele ist das **Mitarbeitergespräch,** also das Gespräch zwischen einer Führungskraft und einem Mitarbeiter. Dies ist der Tatsache geschuldet, dass viele, wenn nicht sogar die meisten Assessment Center durchgeführt werden, um Führungspositionen zu besetzen. Entsprechend dient das Mitarbeitergespräch auch in diesem Buch als Prototyp für Rollenspiele, auch wenn viele andere Arten **(Kundengespräch/Beratungsgespräch, Kollegengespräch, Vorgesetztengespräch, Einkaufsgespräch/Verkaufsgespräch/Verhandlungsgespräch,** vergleiche Paschen et al., 2013, S. 112) denkbar sind.

Ziele setzen	Veränderungen einleiten	
Entscheiden	Koordinieren	
Organisieren	Motivieren	Kommunikation
Planen	Delegieren	
Kontrollieren	Analysieren	
Probleme lösen	usw.	

Abb. 3.1 Aufgaben von Führungskräften. (Nach Neuberger, 2001, S. 6)

3.2 Vorbild des Rollenspiels – das Mitarbeitergespräch

Zur Differenzierung sowie für die Einordnung und spätere Konzeption von
Rollenspielen bietet es sich an, als Ausgangspunkt Konzepte aus der Füh-
rungsliteratur hinzuzuziehen, die sich mit der Frage beschäftigen, wie gute
Mitarbeitergespräche geführt werden. Hier lassen sich zudem viele Anregungen
für mögliche Rollenspiel-Szenarien finden (Hossiep et al., 2020; Neuberger, 1996,
2001).

Das Mitarbeitergespräch ist ein Führungsinstrument, das der Führungskraft
dient, ihre Aufgaben zu erfüllen. Für die Betrachtung des Mitarbeitergesprächs ist
es daher zuerst einmal hilfreich zu sehen, was die **Aufgaben einer Führungskraft**
sind. Neuberger (2001) geht hier so weit zu sagen, dass alle Aufgaben einer
Führungskraft auf die Kommunikation hinauslaufen (Abb. 3.1).

Klassische Mitarbeitergespräche erfüllen verschiedene Zwecke, die Fiege et al.
(2006, S. 488) zu **fünf Hauptfunktionen von Mitarbeitergesprächen** zusammenfassen:

1. Austausch von Sachinformationen
2. Beziehungsklärung und –entwicklung
3. Feedback und Zielsetzung
4. Leistungs- bzw. Potenzialbeurteilung
5. Entwicklung/Förderung

Da ein Gespräch zur Beziehungsklärung oder zur Entwicklung eines Mitarbeiters in der Regel mehr Fingerspitzengefühl erfordert als ein Gespräch, in dem es
um den Austausch von Sachinformationen geht, sollte bei der Konzeption von
Rollenspielen primär von diesen Zwecken des Mitarbeitergesprächs ausgegangen

werden und nicht vom Anlass oder Thema des Gesprächs, welches nur die phäno-typische Ausprägung des Mitarbeitergesprächs darstellt: **Klären Sie zuerst, was der zentrale Aspekt im Rollenspiel sein soll, den man im Rollenspiel beobachten möchte und überlegen Sie erst dann, mit welchem konkreten Thema dies dargestellt werden kann.**
Hat man sich für einen Aspekt, eine Funktion des Mitarbeitergesprächs entschieden, welche man im Rollenspiel beobachten möchte, bietet die Führungs-literatur verschiedene Taxonomien an, die sich beispielsweise an den Anlässen von Mitarbeitergesprächen orientieren. Bei Gabrisch (2014) ergeben sich viele **Gesprächsanlässe** aus dem **Tagesgeschäft** einer Führungskraft. Dies sind zum einen aufgabenbezogene, zum anderen Feedback-bezogene Gespräche. Diese lassen sich bewerten nach ihrer Eignung für Rollenspiel-Szenarien[1]:

- Erteilung von Arbeitsaufträgen (Delegation) **
- Unterweisungsgespräch *
- Lob
- Positives Feedback
- Ermahnung ***
- Klärungsgespräch ***
- Kritisches Feedback zur Leistung ***
- Kritisches Feedback zum Verhalten ***

(Gesprächsanlässe bewertet nach ihrer Eignung für AC-Rollenspiele: * grundsätz-lich geeignet, ** gut geeignet, *** sehr gut geeignet.)
Neben diesen Gesprächen, die sich aus dem Tagesgeschäft heraus ergeben, differenziert Gabrisch (2014) auch **Mitarbeitergespräche aus dem Kontext des Personallebenszyklus** (Tab. 3.1), der schließlich von der Führungskraft begleitet wird und kommt hierbei auf eine stattliche Anzahl von weiteren, systemati-schen Gesprächssituationen, die sich eventuell als Szenarien für (Führungs-) Rollenspiele eignen.
Da Rollenspiele in der Regel so aufgebaut sind, dass die Kandidaten vor dem Rollenspiel Zeit haben, sich in das Szenario einzulesen und sich Gedanken zur Durchführung des Gesprächs zu machen, sollte man annehmen, dass dies am ehesten mit den systematischen Gesprächssituationen abbildbar ist. Aber auch bei den tagesgeschäftsgetriebenen Gesprächen sollte davon ausgegangen werden,

---

[1] Lob und positives Feedback werden selten für AC-Rollenspiele genommen, da diese auf-grund der positiven Ausrichtung als leichter angesehen werden. Dass dies nicht stimmen kann, wird offensichtlich, wenn man sieht, wie wenig es in vielen Unternehmen im Füh-rungsalltag vorkommt und wie schwer es den Führungskräften häufig fällt zu loben.

Tab. 3.1 Verschiedene Kontexte von Mitarbeitergesprächen nach Gabrisch (2014, S. 8); gewertet nach Eignung für Rollenspiele im Assessment Center: * grundsätzlich geeignet, ** gut geeignet, *** sehr gut geeignet

Kontext Personalgewinnung	Kontext Reintegration
• Auswahlgespräch • Rückmeldung zum Auswahlgespräch • Referenzgespräch • Einstellungsgespräch • Onboarding-Gespräch *	• Rückkehrgespräch nach Elternzeit * • Rückkehrgespräch nach Krankheit * • Rückkehrgespräch nach Sabbatical • Rückkehrgespräch nach Auslandsentsendung
Kontext Leistung • Probezeitgespräch * • Jahresgespräch • Halbjahresgespräch * • Zielvereinbarungsgespräch *** • Beurteilungsgespräch ** • Gehaltsgespräch	**Kontext Akuter Handlungsbedarf** • Kommunikation in Veränderungsprozessen ** • Interventionsgespräch wegen mangelnder Motivation *** • Interventionsgespräch wegen mangelnder Hygiene • Interventionsgespräch wegen Alkoholmissbrauchs • Interventionsgespräch wegen Konflikten im Team *** • Abmahnung
Kontext Personalentwicklung • Fachlich-persönliches Entwicklungsgespräch ** • Lernerfolgsgespräch nach Weiterbildung * • Laufbahnplanung • Mentoring-Gespräch	**Kontext Trennung** • Trennungsgespräch • Austrittsgespräch • Alumni-Kommunikation

dass bestimmte Gespräche (z. B. kritisches Feedback zu Leistung oder Verhalten) nicht aus dem Affekt heraus, sondern mit Bedacht, sprich: durchdacht und vorbereitet, durchgeführt werden.

Ebenfalls in der Führungskräfteliteratur lassen sich weitere Hinweise auf mögliche Rahmenfaktoren für die Gestaltung der Mitarbeitergespräche finden. Bei der Konzeption von Rollenspielen können diese entweder in der Beschreibung des Szenarios Berücksichtigung finden oder als mögliche Kriterien für die Erfüllung eines guten Mitarbeitergesprächs hinzugezogen werden. So benennt beispielsweise Neuberger (2001) als organisatorische Bedingungen, die beim Mitarbeitergespräch zu beachten sind:

- **Leitungsspanne** – beeinflusst in der Praxis den zeitlichen Umfang, den eine Führungskraft für Gespräche mit jedem einzelnen Mitarbeiter aufbringen kann, welcher negativ mit der Anzahl der Mitarbeiter korreliert.
- **Formalisierung der Organisation** – der Grad, wie starr/formell/pyramidal strukturiert die Organisation und damit auch deren Kommunikation ist.
- **Informelle Kommunikation** – das Ausmaß der Bedeutung, die informelle Gespräche und Informationen neben den formellen haben bzw. wie gut sich beide decken.
- **Macht und Status** – die Stärke des Einflusses, den Über-/Unterordnungsverhältnisse auf die Art/Offenheit der Kommunikation oder die Gesprächsanteile haben.
- **Norm der Gleichbehandlung** – das Maß, wie gut sich eine Führungskraft auf die individuellen Anliegen der Mitarbeitenden einstellen kann, wenn die Führungskraft andererseits alle Mitarbeitende gleich behandeln soll.
- **Informelle Normen** – die Anzahl und Art der informellen Normen, die in einem Unternehmen eine Rolle spielen.
- **Räumliche und zeitliche Bedingungen** – hiermit ist der Ort und die Zeit (sowie die Dauer) der Mitarbeitergespräche gemeint.
- **Weitere situative Einflüsse** – umfasst beispielsweise den Bekanntheitsgrad zwischen Führungskraft und Mitarbeiter, die Arbeitsmarktlage für den Mitarbeiter, das (Dienst-)Alter und den (Dienst-)Altersunterschied der Gesprächspartner, die Unterschiede im Bildungsgrad und der sozialen Herkunft, Geschlecht etc.

Diese verschiedenen Anlässe und Zwecke von Mitarbeitergesprächen sowie die sonstigen Rahmenbedingungen, die bei der Auswahl und Gestaltung von Mitarbeitergesprächen hinzugezogen bzw. berücksichtigt werden können, sollen helfen, geeignete Szenarien für Rollenspiele zu finden. Stehen Ziel und Setting des Rollenspiels fest, geht es im folgenden Kapitel darum, ein konkretes Rollenspiel auf dieser Basis zu konzipieren.

Konzeption von Rollenspielen

4

4.1 Was macht ein gutes Rollenspiel aus?

Ziel eines guten Rollenspiels ist es, gut zwischen geeigneten und weniger geeigneten Kandidaten bezogen auf die zu beobachtenden und zu bewertenden Kompetenzen zu differenzieren. Da der Schwerpunkt des Rollenspiels die soziale Interaktion ist, sind die zu beobachtenden relevanten Kompetenzen im Rollenspiel in der Regel kommunikative Kompetenzen, soziale Kompetenzen und/oder Führungskompetenzen.

Auf der Basis der im Vorfeld stattgefundenen Anforderungserhebung gilt es, Situationen zu finden, die für die avisierte Tätigkeit repräsentativ sind und hierbei einige Regeln bzw. Hinweise berücksichtigen. Wichtig ist, dass die Teilnehmenden trotz der vorgegebenen Szenario-Beschreibung und Anleitung Freiheitsgrade haben, die Aufgabe individuell zu lösen, also unterschiedliche Verhaltensweisen zu zeigen. Jung (2000) fasst hierzu Bedingungen zusammen, die generell gegeben sein müssen, damit Rollenspiele im Assessment Center Gültigkeit besitzen. Hierfür muss

- *„die zugrundeliegende Situation sowohl typisch als auch bedeutsam für die angestrebte Führungsfunktion sein,*
- *die Realität ausreichend simuliert werden,*
- *der Teilnehmer den Zweck des Rollenspiels kennen, um bewusst handeln zu können,*
- *er sich in der Situation selbst spielen können,*
- *die Rollenvorgabe ihm möglichst viel Spielraum lassen, seine Handlungsweisen selbst zu bestimmen und*

© Der/die Autor(en), exklusiv lizenziert an Springer-Verlag GmbH, DE, ein Teil von Springer Nature 2022
J. Bregas, *Rollenspiele im Assessment Center*, essentials,
https://doi.org/10.1007/978-3-662-65242-8_4

• *es den Mitspielern möglich sein, situationsangemessen und spontan zu handeln."*
  (S. 594)

Für die praktische Konzeption von Rollenspielen gibt es aber noch eine Reihe
weiterer, konkreter Hinweise und Anregungen, die beachtet werden sollten, um
das gewünschte Verhalten beobachten und vor dem Hintergrund einer avisierten
Funktion bewerten zu können:

Anlassebene und grundlegende Ebene. Rollenspiele im AC-Kontext haben in der Regel zwei
Ebenen, die von den Teilnehmenden gleichermaßen
bedient werden sollten. Wie im realen Leben gibt es
immer einen Anlass, weshalb eine Führungskraft mit
einem Mitarbeiter sprechen möchte oder muss – das
kann das beobachtete Fehlverhalten, eine Kundenbe-
schwerde, eine Situation im Team o. ä. sein. Selbstverständlich sollte es Ziel
des Gesprächs sein, diesen konkreten Anlass zu besprechen und zu klären. Aber
damit ist es in der Regel nicht getan. Die Führungskraft sollte auch das ansprechen, was geschehen muss, damit dieser Fall möglichst nicht noch einmal bzw.
regelmäßig auftritt. Es gibt also auch noch eine grundlegendere Ebene unterhalb
der Anlassebene. Wird hierauf nicht eingegangen, geht es beim Gespräch nur
darum, kurzfristig „ein Feuer zu löschen" und nicht das Problem an der Wur-
zel zu packen. Umgekehrt wäre zu wenig, mit dem Mitarbeiter allgemein über
Zusammenarbeit im Team, Umgang im Kundenkontakt, Klima in der Gruppe
zu sprechen, ohne den konkreten, personenbezogenen Bezugspunkt herzustellen,
weshalb dieses Gespräch gerade jetzt mit dem Mitarbeiter geführt wird.

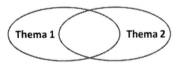

Keine Themenvermischung. Etwas, das
bei Rollenspielen im Rahmen von Trai-
nings durchaus vorkommen kann, sollte bei
eignungsdiagnostischen Rollenspielen mög-
lichst vermieden werden, nämlich die Vermischung von Themen: Die Führungskraft möchte über Thema A sprechen (bzw. hat in der Teilnehmeranleitung die
Anweisung erhalten über Thema A zu sprechen), der Mitarbeiter (Rollenspieler) möchte aber über Thema B sprechen. Zwar kommen solche Situationen
in der Realität sicherlich häufiger vor als der Fall, dass beide sich mit dem
gleichen Anliegen zum Gespräch treffen, diagnostisch bringt so ein Rollenspiel

aber Probleme mit sich: Zeigt ein Teilnehmer „gutes" Verhalten, wenn er beim Thema bleibt oder ist es ihm anzurechnen, wenn er sich entgegen der Anleitung flexibel auf den Gesprächsbedarf des Mitarbeiters einstellt? Angesichts klarer Bewertungskriterien sollten daher Themenvermischungen vermieden werden.

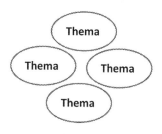

Keine Themenvielfalt. Wie bei der Themenvermischung ist auch dies ein Fall, der in der Praxis häufig vorkommt, aber unpraktisch für eignungsdiagnostische Rollenspiele ist: Die Führungskraft nutzt die Gelegenheit, direkt mehrere Themen, die die Führungskraft bewegen, anzusprechen. Die Begründung weshalb dies vermieden werden sollte, ist die gleiche wie beim Punkt zuvor: Was „gutes" Führungsverhalten ist, ist diagnostisch nicht eindeutig, sondern liegt in der persönlichen Bewertung des Beobachters. Sollte die Führungskraft im Rollenspiel möglichst alle Punkte angesprochen haben und nichts auslassen? Oder wäre es besser, sich zu fokussieren, Prioritäten zu setzen und nur die wirklich wichtigen Themen (wenn ja: welche?) anzusprechen?

Freiheitsgrade im Verhalten trotz unternehmensspezifischer Bewertungen. Bewusst oder unbewusst tragen die Beobachter auch ihr persönliches Wertebild und damit stellvertretend auch die Werte des Unternehmens in den Bewertungsprozess mit hinein. Dies darf aber nur eine Facette sein, die die explizit definierten Beobachtungskriterien anreichert. Was in dem einen Unternehmen noch als akzeptabel durchgeht, kann in dem anderen Unternehmen schon ein „No Go" sein, je nachdem, wie streng ein und dasselbe Verhalten bewertet wird. Dieser Aspekt ist insbesondere für Beratungen relevant, die Assessment Center in verschiedenen Unternehmen durchführen. Und es erklärt auch, weshalb als Beobachter immer auch Unternehmensvertreter dabei sein sollten und nicht nur externe Berater. Aber auch wenn hierdurch implizit und unbewusst die Bewertung was „gutes" und „schlechtes" Verhalten ist eingeschränkt wird, sollte das Rollenspielszenario den Teilnehmenden so viele Freiheitsgrade lassen, dass es mehr als nur ein einziges, eindeutiges Lösungsverhalten gibt. Selten ist Verhalten in einem Unternehmen so eingeschränkt, dass

Verhalten ausschließlich dichotom als „richtig" oder „falsch" bewertet werden kann und keine Graustufen und individuelle Lösungswege zugelassen sind.

Begrenzung der fachlichen Eindringtiefe. Ein Rollenspiel erhält umso mehr Akzeptanz und Gültigkeit, je realitätsnäher es gestaltet ist (Jung, 2000). Da aber die Rollenspieler in Assessment Center selten die gleiche fachliche Kompetenz haben wie die Kandidaten, geschweige denn einen fachlichen Wissensvorsprung, um die Situation ausgestalten zu können, steht die fachliche Ausgestaltung des Rollenspiels im Gegensatz zum praktisch Machbaren. Rollenspiele sollten daher so gestaltet sein, dass der Rollenspieler immer in der Lage ist, dem Kandidaten hinreichend kompetent zu antworten und sich nicht fachlich in die Enge treiben zu lassen. Dies hätte den klassischen Fehler zur Folge, dass ein Kandidat aufgrund seiner fachlichen Überlegenheit zur Führungskraft befördert wird. Genau dies gilt es zu vermeiden. Umgekehrt lässt sich auch die Anforderung an den Rollenspieler ableiten, sich mit dem fachlichen Hintergrund der Funktion auseinanderzusetzen und ein zumindest grobes Bild der Tätigkeit zu gewinnen.

„No Go"-Themen. Es gibt Themen, die durchaus im Unternehmenskontext vorkommen können und von hoher Relevanz sind, die sich aber trotzdem nicht als Themen für Rollenspiele eignen. Hierzu zählen mangelnde Hygiene, Alkoholmissbrauch und sexuelle Belästigung. Sie stellen Extremsituationen dar, die ein ausgesprochenes Fingerspitzengefühl, Erfahrung als Führungskraft und häufig auch Wissen in Arbeitsrecht erfordern, welche kaum bei Führungsnachwuchskräften (und häufig auch nicht bei gestandenen Führungskräften) zu finden sind.

Anschließende Selbstreflexion. Jedes Rollenspiel zeigt immer nur eine Variante aus einem Universum an alternativen Handlungsmöglichkeiten. Schon ein und derselbe Teilnehmer würde voraussichtlich das gleiche Rollenspiel zu einem anderen Zeitpunkt, bei der Wiederholung derselben Anweisung oder unter anderen Umständen völlig anders durchführen. Was allerdings eine hohe Beständigkeit hat, sind die Motive und Einstellungen, die der Teilnehmer mit seinem Verhalten zum Ausdruck bringen möchte. Das beobachtbare Verhalten ist damit der phänotypische Ausdruck der genotypischen Verhaltensintention. Daher ist es ratsam, im Anschluss an das Rollenspiel eine Nachbefragung zu machen, in der die folgenden Punkte hinterfragt werden:

- Wie bewertet der Teilnehmer selbst das durchgeführte Rollenspiel? *(Bewertung)*
- Wurde das intendierte Ziel erreicht? Was war das intendierte Ziel? *(Ziel)*
- Wie wollte er oder sie vorgehen, um dieses Ziel zu erreichen? Ließ sich dies umsetzen? *(Prozess)*
- Was wären alternative Handlungsmöglichkeiten gewesen, um das Ziel zu erreichen? Was würde der Teilnehmer konkret anders machen, sollte man das Rollenspiel noch einmal durchführen? *(Handlungsvielfalt)*

Weitere hilfreiche Fragen können sein:

- Wie schätzt der Teilnehmer die Bewertung des Gesprächs aus der Sicht des Gesprächspartners ein? Wie wahrscheinlich ist eine erfolgreiche Verhaltens- oder Einstellungsänderung beim Gesprächspartner? *(Perspektivwechsel)*
- Wie typisch ist das gezeigte Verhalten für den Teilnehmer in vergleichbaren Situationen? Gab es schon vergleichbare Situationen? *(Verallgemeinerbarkeit)*

Diese Fragen geben Einblick in die Gedankenwelt der Teilnehmenden. Auch wenn sie von der reinen Lehre des Assessments Centers abweichen, bei dem ursprünglich ausschließlich das beobachtbare Verhalten bewertet wurde, ist eine solche Nachbefragung für eine umfassende Bewertung der Kompetenz eines Kandidaten unerlässlich. Hierbei spielt es eine nachgeordnete Rolle, ob diese Nachbefragung unmittelbar im Anschluss an das Rollenspiel erfolgt oder später im Rahmen eines Interviews.

4.2   Konzeptionelle Stellschrauben

Prototypische Gesprächssituationen versus eher außergewöhnliche Fälle. Ob
der konkrete Gesprächsanlass, der als Thema des Rollenspiels verwendet wird,
häufig in der Zielfunktion vorkommt oder ob es eher ein seltener Spezialfall ist,
ist eine Frage der jeweiligen AC-Philosophie. Prototypische Gesprächssituationen
haben die höhere **Augenscheinvalidität,** sprich: wirken auf Nicht-Diagnostiker
praxisnäher und damit relevanter. Gibt es allerdings sehr häufig vorkommende
Situationen, bei denen die Gefahr besteht, dass das Verhalten nur von vorhandenen ‚*Role Models*' (Führungskräften, Kollegen etc.) abgeschaut und imitiert
wird, bietet es sich an, eher außergewöhnliche Situationen als Aufhänger für das
Rollenspiel-Szenario zu wählen.

Wichtig ist sich vor Augen zu führen, dass es nicht auf das einzelne, gezeigte
Verhalten im Rollenspiel an sich ankommt, sondern dass das gezeigte Verhalten stellvertretend für verschiedene, ähnliche Situationen und Sequenzen steht.
Das gezeigte Verhalten sollte in einem guten Rollenspiel **Indikator-Charakter**
haben, ob man dem Kandidaten die Kompetenz zutraut sich in vergleichbaren
Situationen adäquat zu verhalten und nicht nur ein einmal einstudiertes Ver-
haltensmuster abzurufen. Noch mehr löst sich die Einschätzung vom konkret
beobachteten Rollenspiel, wenn es nicht um die Einschätzung der Kompetenz,
sondern des Potenzials des Kandidaten geht:

- Bei der Frage der **Kompetenz** wird gefragt: Wird dem Kandidaten zugetraut,
  in ähnlichen, vergleichbaren Situationen ein adäquates Verhalten zu zeigen,
  das vergleichbar aber nicht gleich ist?
- Bei der Frage des **Potenzials** wird gefragt: Traut man dem Kandidaten
  aufgrund des beobachteten Verhaltens zu, sich in angemessener Zeit die Kompetenz anzueignen, auch wenn dieses zum jetzigen Zeitpunkt noch nicht
  vollständig ausgebildet ist?

Stärker noch als bei der Kompetenzeinschätzung wird bei der Potenzialeinschät-
zung auf die zugrunde liegenden Einstellungen, Motive und Werte geschaut und
versucht, von schon vorhandenen, allgemeineren Kompetenzen (z. B. Kommunikationskompetenz) auf spezifische Kompetenzen (z. B. Führungskompetenz)
unter Berücksichtigung der Spezifika der (Führungs-)Situation zu extrapolieren.

Nachdem im vorangegangenen Abschnitt Regeln und Rahmenbedingungen für
die Gestaltung von Rollenspielen aufgestellt worden sind, soll im Folgenden
auf konkrete Gestaltungsmöglichkeiten bei der Erstellung eingegangen werden.

Zum einen sollen hiermit Räume zur Erstellung von Rollenspielen geöffnet werden, zum anderen gilt es aber auch hier abzuwägen, welche der aufgezeigten Möglichkeiten bestmöglich auf die Fragestellung des Assessment Centers zutrifft.

Konkrete (Einzel-)Aufgabenstellung versus offene Aufgabenstellung. Wird im Rahmen einer Teilnehmeranweisung ein bestimmtes Szenario beschrieben, kann dies in einem konkreten Auftrag münden: *„Hinterfragen Sie im Gespräch mit Ihrem Mitarbeiter die eben beobachtete Situation und stellen Sie sicher, dass solche Situationen zukünftig nicht mehr vorkommen"*, *„Delegieren Sie die beschriebene Aufgabe vollumfänglich an den Mitarbeiter und vermeiden Sie Rückdelegation"*, *„Lösen Sie den Konflikt mit dem Mitarbeiter, ohne ihn hierdurch langfristig zu demotivieren"* etc. Bei einer konkreten Aufgabenstellung kann hinterher diagnostisch sauber und klar bewertet werden, ob bzw. in welchem Maß der Teilnehmer dieses Ziel erreicht hat oder nicht.

Alternativ kann der Teilnehmer aber auch mit der beschriebenen Situation ‚alleine gelassen' werden: Statt einen konkreten Gesprächsauftrag umzusetzen, muss der Teilnehmer vor Beginn des Gesprächs für sich selbst klären, was sein Ziel ist und wie er das Gespräch aufziehen möchte. Diese Form der Aufgabenstellung, in der es beispielsweise nach der Szenario-Beschreibung nur heißt: *„Ihr Mitarbeiter kommt in 15 Minuten zum Gespräch"*, lässt dem Teilnehmer mehr Freiheitsgrade zur Gestaltung des Gesprächs und ist grundsätzlich realitätsnäher als eine konkrete Handlungsvorgabe. Für welche Art der Aufgabenstellung man sich entscheidet, ist Geschmackssache bzw. häufig eine Frage der grundlegenden Philosophie von Assessment Centern.

Generisches versus idiosynkratisches Setting. Eine weitere ‚Philosophiefrage' ist es, ob die Rollenspielunterlagen eher allgemein, offen und vom Umfang her kurz gehalten sind oder ob sie sehr ausführlich, detailliert und am konkreten (fiktiven) Fall orientiert beschrieben sind. Reicht es aus zu schreiben: *„Sie haben mitbekommen, wie Ihr Mitarbeiter in einem Telefonat unfreundlich und abweisend auf einen Kunden reagiert hat"* oder möchten Sie dem Teilnehmer mitgeben, was konkret der Mitarbeiter dem Kunden gesagt hat, wie der Mitarbeiter charakterisiert ist und welche Vorgeschichte er hat, wie die Werte und Kundenphilosophie des Unternehmens sind etc.? Der Gedanke dahinter ist, dass Teilnehmer sich besser in den Fall hineindenken und das Gespräch besser führen können, wenn sie möglichst umfangreiche Informationen rund um den zu besprechenden Fall haben. Andererseits haben diese zusätzlichen Informationen auch den Aufforderungscharakter, dass sie wichtig zu sein scheinen und berücksichtigt werden

sollten, häufig sind sie aber eher zusätzlich zu verstehen und können zur Verwir-
rung beim Teilnehmer führen. Weiterhin ist fraglich, ob mehr Informationen ein
Rollenspiel unbedingt realistischer machen oder eher das Gegenteil bewirken und
es artifiziell erscheinen lassen.

Dauer des Rollenspiels. Diese Frage wird in der Regel eher pragmatisch beant-
wortet, als dass sie die Realität originalgetreu abbildet. Zu unterscheiden ist zum
einen die **Vorbereitungszeit,** die der Teilnehmer hat, um die Anleitung und das
Szenario durchzulesen und sich Gedanken über die Gesprächsführung zu machen
und die eigentliche **Durchführungszeit.** Bei der Vorbereitungszeit kollidieren
Anspruch und Realität miteinander: Während in Führungskräftetrainings den Teilnehmenden empfohlen wird, sich sorgfältig auf wichtige Gespräche vorzubereiten
und sich entsprechend Zeit für das Gespräch selbst zu lassen, sieht die Durchführung in der Praxis anders, nämlich kürzer, aus. Aus pragmatischen Gründen
wird insbesondere in Gruppenverfahren daher eine Vorbereitungszeit **zwischen 10
und 20 min** gegeben. Für die Durchführung stehen ebenfalls meist **15 bis 20 min**
zur Verfügung. Diese Dauer reicht aus, um sich ein Bild von der Gesprächsführung des Teilnehmers machen zu können, längere Gespräche bringen selten
zusätzlichen Informationsgewinn für die Beobachter. Paschen, Beenen, Turck und
Stöwe (2013) empfehlen für die Vorbereitungszeit sogar 30 bis 45 min und für
die Durchführung zwischen 15 und 30 min (S. 115, siehe auch Jeserich, 1987,
S. 155 und S. 134). Bei aller Pragmatik der AC-Organisation sollten die Zeiten
so bemessen sein, dass die Teilnehmenden die Inhalte der Aufgabenstellung gut
durchdrungen haben und die Aufgabe in der zur Verfügung stehenden Zeit im
Gespräch wirklich lösen können. Es ist nicht ausreichend, bei einer von Anfang
an zu kurz berechneten Zeit nur die Lösungsansätze des Problems beobachten zu
können und das Gespräch unfertig aus Zeitgründen abzubrechen.

Kooperative versus konfrontative Gesprächssituation. Diese beiden ‚Stoßrich-
tungen' sollen auf den grundsätzlichen Charakter des Rollenspiels hinweisen,
der auch mit der (Führungs-)Kultur des Unternehmens zusammenhängt. Ist der
Charakter der Führungskultur eher kooperativ ausgerichtet, bzw. ist dies das Cha-
rakteristikum, das zukünftig mehr gefördert und belohnt werden soll, sollte kein
Rollenspiel konzipiert werden, bei dem ein eher konsequentes aber konfrontati-
ves Konfrontieren mit einem Fehlverhalten im Mittelpunkt steht und umgekehrt.
Viele weitere Grundausrichtungen sind denkbar und können hier nicht erschöp-
fend dargestellt werden. Wichtig ist zu berücksichtigen, welches Verhalten im
Unternehmen man unterstützen und fördern möchte, indem man im Assessment

Center bestimmte Verhaltensweisen in den Fokus nimmt und für gut und richtungsweisend bewertet. Je besser das Thema des Rollenspiels den Charakter der Führungskultur wiedergibt, desto verständlicher wird es für den Teilnehmer hinterher auch im Feedback sein.

(Wieder-)Verwendungszweck des Rollenspiels. Als letzten Aspekt, der den Raum der möglichen Rollenspielszenarien weiten oder einengen kann, soll noch ganz pragmatisch der (Wieder-)Verwendungszweck des Rollenspiels angeführt werden. Wird das Rollenspiel individuell für eine konkrete Stelle konzipiert, lassen sich individuelle, fachbezogene Details einbauen, die die Augenschein-Validität und damit die Akzeptanz des Rollenspiels erhöhen. Dieser Aufwand einer Konzeption von individuellen Rollenspielen findet grundsätzlich eher bei mittleren und höheren Funktionen statt. Wird das Rollenspiel nicht für eine einzelne Stelle, sondern genereller für eine Funktion (z. B. für alle operativen Gruppenleiter/innen) konzipiert, landet man schnell bei thematischen Klassikern (Überstunden, Aufgabendelegation, nachlassende Arbeitsleistung etc.), die in ähnlicher Form in unterschiedlichsten Bereichen vorkommen können. Bei dieser Art von Rollenspielen besteht bei der Konzeption die Kunst darin, Szenarios zu finden, die einerseits eine Breite und Übertragbarkeit auf verschiedenste Unternehmensbereiche haben, andererseits aber eben auch nicht die immer gleichen Themen behandeln.

Durchführung von Rollenspielen im Assessment Center

5

In diesem Kapitel wird die Durchführung von Rollenspielen im Rahmen von Assessment Centern aus Sicht der drei beteiligten Stakeholder-Gruppen Teilnehmende, Rollenspieler und Beobachter betrachtet. Jede dieser drei Gruppen bekommt in einem sauber konzipierten Assessment Center jeweils ihre eigene Unterlage, welche selbstverständlich aufeinander abgestimmt sein sollten. So besteht die Rollenspieleranweisung häufig aus einer Kurzfassung der Szenario-Beschreibung für die Teilnehmenden, ergänzt um die Rollenspieler-spezifischen Verhaltensanweisungen. Die Beobachterunterlagen wiederum fassen sowohl die Grundaufgabenstellung für die Teilnehmenden als auch die Verhaltensanweisung für die Rollenspieler kurz zusammen und ergänzen diese um Hinweise, wie und worauf als Beobachter in diesem Rollenspiel zu achten ist.

5.1 Teilnehmeranweisung

Bei Bolte und Jung (1995, S. 79–80) finden sich allgemeine Hinweise zum Schreiben der Teilnehmeranweisung, die somit auch bei der Erstellung von Rollenspielen Gültigkeit haben:

- *„Die Texte sollen leicht verständlich sein und wirklich eingängig formuliert werden. (…)*
- *Die Texte sollen dem Kandidaten die Identifikation ermöglichen bzw. erleichtern (…).*
- *Die Texte sollen motivierend sein; das Lesen soll Spaß machen. (…)*
- *Jeder Übung sollte eine gut überlegte Dramaturgie zugrunde liegen, damit der Spannungsbogen wirklich bis zum geplanten Ende reicht und der „Dampf" nicht*

© Der/die Autor(en), exklusiv lizenziert an Springer-Verlag GmbH, DE, ein Teil von Springer Nature 2022
J. Bregas, *Rollenspiele im Assessment Center,* essentials,
https://doi.org/10.1007/978-3-662-65242-8_5

schon vorzeitig raus ist. Dazu sollten Argumente bei den Beteiligten zahlreich und vielschichtig sein. Interessenkonflikte sollen deutlich angelegt sein.

- *Schließlich sollte bei jeder Übung ein breites Handlungsspektrum möglich sein und nicht nur das Erreichen oder Nichterreichen einer bestimmten Lösung in Frage stehen."*

Es folgen noch weitere, spezifische Anforderungen an Rollenspiel-Teilnehmeranweisungen, die über diese allgemeinen Hinweise hinaus auch ein stückweit ein Spiegel der „Philosophie" sind, die mit dem Assessment Center vertreten wird.

Ausführliche versus kurze Teilnehmeranweisung. Auf diese Unterscheidung ist schon im vorangegangenen Kapitel eingegangen worden. Aus Teilnehmersicht werden es einige Teilnehmende als hilfreicher empfinden, wenn sie eine eher kurze Szenario-Beschreibung bekommen, in die sie sich hineindenken und mit eigenen Gedanken aus ihrer bisherigen Erfahrungswelt füllen. Haben die Teilnehmenden vergleichbares im eigenen Erleben als Mitarbeiter selbst erlebt oder in ähnlicher Form bei anderen beobachten können, werden sie dies für die Lösung des Rollenspielfalles hinzuziehen und es als realitätsnahes Szenario empfinden. Können die Teilnehmenden nicht auf vergleichbare eigene Erfahrungswerte zurückgreifen, sind weitere Informationen erforderlich, um sich adäquat in das Rollenspiel hineinzudenken und darauf vorbereiten zu können. Um auf der sicheren Seite zu sein, gibt es auch die Philosophie, den Teilnehmenden eher zu viele als zu wenige Informationen mitzugeben. Haben die Teilnehmenden viele Details zum Rollenspieler (bzw. dessen Charakter), zur Situation, in der das Szenario stattfindet sowie zur Vorgeschichte der Beziehung zwischen Führungskraft und Mitarbeiter, so können sich die Teilnehmenden ein detailliertes Bild machen und sich tiefer in die gegebene Situation hineindenken, so die Annahme. Als Gegenargument wird hier allerdings ins Feld geführt, dass ein Mehr an Informationen nicht zwangsläufig einer besseren Vorbereitung dient, sondern nur die Künstlichkeit des Szenarios betont, da sich die Teilnehmenden in fiktive Settings hineindenken müssen, die losgelöst von ihrer wirklichen Erfahrungswelt sind (*„Stellen sie sich vor, Sie hätten sich schon in der Vergangenheit öfters darüber geärgert, wie Ihr Mitarbeiter mit Kunden umgeht..."*).

Keine Vorgabe zu Gefühlen
Emotionen können beim Teilnehmer nicht per Anweisung evoziert werden. Sie würden das Rollenspiel zum künstlichen Schauspiel machen, wenn der

Teilnehmer in dem Moment die Gefühle nicht empfindet aber zeigen soll. *„Wegen des beobachteten Verhaltens rufen Sie den Mitarbeiter in Ihr Büro"* wäre in Ordnung, *„Sie sind verärgert und auch ein wenig enttäuscht von Ihrem Mitarbeiter"* geht dagegen nicht.

Zielstellung und Kriterien benennen ja/nein. Die Bekanntgabe der Anforderungskriterien hat Einfluss auf eine der lang andauernden Fragen der AC-Forschung, nämlich nach dem antagonistischen Verhalten von Konstrukt- zur Kriteriumsvalidität. Zum einen wurde festgestellt, dass AC-Übungen über die verschiedenen Dimensionen hinweg in sich konsistenter bewertet werden, als die einzelnen Dimensionen über die verschiedenen AC-Übungen hinweg. Sie weisen also eine geringe **Konstruktvalidität** auf. Auf das Assessment Center als Ganzes betrachtet sieht es zum anderen allerdings so aus, dass Assessment Center gut geeignet für die Vorhersage eines erfolgreichen Abschneidens in der Praxis sind. Sie weisen also eine hohe **Kriteriumsvalidität** auf. Werden den Teilnehmenden in den Anleitungen zu den Übungen, also hier zum Rollenspiel, die Anforderungen bekannt gegeben, erhöht dies die Konstruktvalidität: Die Teilnehmenden können sich gezielter darauf einstellen, was von den Beobachtern bewertet wird. Dies geht allerdings auf Kosten der Authentizität des eigenen Auftretens. Sofern „Gefälligkeit" kein übergeordnetes Erfolgskriterium in der jeweiligen Organisation ist, wird hierdurch die Kriteriumsvalidität sinken. Es kommt nicht mehr darauf an, wie sich ein Teilnehmer unvoreingenommen verhält und ob dieses Verhalten projiziert auf die Arbeitsrealität erfolgsversprechend ist, sondern ob ein Teilnehmer die im AC von außen an ihn gerichteten Anforderungen möglichst adäquat umsetzt (Kleinmann, 1997).

5.2 Rollenspieleranweisung

Gegenstand dieses Abschnitts ist das optimale Verhalten bzw. die Regeln und Möglichkeiten von Rollenspielern. Die praktische Umsetzung eines Rollenspielertrainings soll hier allerdings nicht im Mittelpunkt stehen (siehe hierzu Sünderhauf, 2005).

Ziel der Rollenspieleranweisung ist die Definition des **Verhaltenskorridors,** in dem sich der Rollenspieler bewegen sollte. Die Anweisung gibt an, was ein optimales/idealtypisches Rollenspielerverhalten ist, wann und in welchem Maß der Rollenspieler von diesem Verhalten abweicht bzw. es variiert und wo die Grenzen sind, die der Rollenspieler nicht überschreiten sollte.

Um sich besser in die Rolle einzufinden, werden häufig die **Charakteristika der darzustellenden Person** beschrieben, denn im Gegensatz zu den Teilnehmenden, von denen man ein möglichst authentisches und realitätsnahes Verhalten erwartet, spielt der Rollenspieler – wie der Name sagt – eine Rolle, in die er sich einfinden und die er verkörpern muss. Hierbei kann es sinnvoll sein, auch „Background-Informationen", die für den konkreten Gesprächsanlass des Rollenspiels auf den ersten Blick vollkommen unerheblich sind, mitzugeben: *„Matthias Müller ist 27 Jahre alt und seit 4 Jahren im Unternehmen. Er ist unverheiratet und ungebunden, reist gerne und verbringt den größten Teil seiner Zeit mit semiprofessionellem Rennradfahren und hat auch schon an verschiedenen Wettkämpfen teilgenommen. Hierfür investiert er viel Zeit und musste sich schon mal gelegentlich für Wettkämpfe frei nehmen. In den heißen Phasen seines Wettkampftrainings mussten ihm die Kolleginnen und Kollegen auf der Arbeit den Rücken freihalten. Gerne würde er sich hierfür revanchieren, jedoch ist er nicht bereit, dies durch Mehrarbeit zu anderen Zeiten zu tun."* Durch diesen Informationsüberschuss wird der Charakter für den Rollenspieler griffiger. Hat man sich einmal mit dem Charakter intensiv beschäftigt, ist man als Rollenspieler in der Lage, auch auf Situationen zu reagieren, die man vorher nicht konkret gedanklich vorbereitet hatte und adäquates Verhalten zu zeigen.

Wieviel Standardisierung ist notwendig?
Wieviel Charakterisierung erforderlich bzw. sinnvoll ist, hängt vom AC-Setting ab: Wird das Rollenspiel einmalig für ein AC konzipiert, das beispielsweise für die (hoffentlich einmalige) Besetzung einer höheren Führungsfunktion durchgeführt wird, ist es ausreichend, wenn der Rollenspieler sich im Vorfeld die Wesenszüge seines Charakters (unter Berücksichtigung der sonstigen rahmenden Bedingungen sowie des Verhaltenskorridors) selbst zurecht legt. Wird ein Rollenspiel dagegen für eine häufig zu besetzende Funktion regelmäßig und zudem von unterschiedlichen Rollenspielern dargestellt eingesetzt, ist ein höheres Maß an Standardisierung erforderlich, damit die Teilnehmenden nicht nur dem Schein nach alle das gleiche Rollenspiel durchlaufen, in Wirklichkeit aber mit unterschiedlichen Herausforderungen, Charakteren, Schwierigkeitsgraden etc. konfrontiert sind.

Grundsätzlich gilt, dass ein Rollenspiel so angelegt sein sollte, dass es mit einem **mittleren Schwierigkeitsgrad** startet, um dem Teilnehmer die Handlungsfreiheiten zu geben, das Rollenspiel erfolgreich zu meistern oder aber auch zu einem Misserfolg zu führen. Verschiedene Strategien sind denkbar, wenn der Teilnehmer gut in das Gespräch startet und diesen ersten Schwierigkeitsgrad meistert. Entweder könnte das Rollenspiel als „erfolgreich bestanden" gewertet werden und zu einem Abschluss geführt werden, indem z. B. auf einen Lösungsvorschlag des Teilnehmers bereitwillig eingegangen wird. Umgekehrt hieße dies allerdings auch, dass wenn dieser mittlere Schwierigkeitsgrad nicht gemeistert wird, das Rollenspiel ebenfalls zu einem Abschluss, aber eben einem nicht erfolgreichen Abschluss (Abbruch, Eskalation) geleitet wird. Neben diesem rein dichotomen Ergebnis (erfolgreich bestanden/nicht bestanden) hätte ein solches Vorgehen weiterhin den Nachteil, dass in vielen Fällen die angesetzte Durchführungszeit nicht mehr ausgenutzt werden würde, da die Würfel schon zu einem früheren Zeitpunkt gefallen wären.

Sinnvoller als ein Rollenspielerverhalten, das auf eine dichotome Lösung hinzielt, wäre dagegen ein **adaptives Verhalten** des Rollenspielers, das sich flexibel dem Kompetenzgrad des Teilnehmers anpasst. Auch wenn die Situation hinreichend beschrieben und der Charakter der darzustellenden Person klar umrissen ist, sollte der Verhaltenskorridor immer noch genügend Spielraum lassen, den Schwierigkeitsgrad zu erhöhen und zu senken. Dies sollte nicht durch „Hinzuerfinden" von neuen „Tatsachen" geschehen (die sprichwörtlich aus dem Hut gezauberte totkranke Mutter, die der Rollenspieler zuhause pflegen muss und die vorher nirgends erwähnt war). Angemessener ist es dagegen, den Schwierigkeitsgrad durch Zögern, wiederholte Zweifel oder ähnlichem zu erhöhen, während das subtile Einstreuen von Hinweisreizen oder das Bekunden der Bereitschaft zur gemeinschaftlichen Lösung die Situation für den Teilnehmer eher erleichtert.

Standardisierung versus Flexibilität des Rollenspielerverhaltens
Wichtig ist grundsätzlich, dass der Rollenspieler bei aller Standardisierung und Festlegung der Rolle nicht losgelöst vom Verhalten des Teilnehmers agiert, sondern im Rahmen seines Rollenspielcharakters dynamisch auf das Verhalten des Teilnehmers antwortet: Bringt der Teilnehmer einen inhaltlich guten Vorschlag für die Problemlösung ein, sollte dies zu einer positiven Reaktion des Rollenspielers führen; stößt der Teilnehmer den Rollenspieler durch eine ungeschickte Wortwahl vor den Kopf, sollte die gemeinsame

Konsensfindung eher schwieriger werden. Ein solches eher entgegenkommendes oder eher abweisendes Verhalten wäre schließlich auch in der Realität von einem Gesprächspartner zu erwarten.

Um allen Teilnehmenden die gleichen Ausgangschancen zu geben und mit der gleichen „Verhaltens-Baseline" zu starten, kann es zumindest für die Anfangssequenz hilfreich sein, mit den nahezu wörtlich gleichen Aussagen zu starten und sich dann adaptiv dem Gesprächsstrom anzupassen.

Weiterhin ist für den Gesprächsverlauf wichtig, dass der Rollenspieler die zu bewertenden Kompetenzen für das Rollenspiel kennt, da es zum Teil an dem beschriebenen Szenario, zum Teil aber auch an seinem Rollenspielerverhalten liegt, ob der Teilnehmer das gewünschte Verhalten überhaupt zeigen kann oder nicht. Ist ein Szenario eher konfrontativ ausgelegt (s. o.), darf dem Teilnehmer seine Konfliktkompetenz nicht abgesprochen werden, wenn der Rollenspieler keine entsprechende Angriffsfläche hierfür liefert. Stattdessen müssen durch entsprechende Aussagen und Haltungen Verhaltensweise testweise „provoziert" werden, ohne den Teilnehmer zu einer bestimmten Reaktion zu zwingen.

Rollenspieler = Schauspieler?
Die Bedeutung des Rollenspielers, der in eine Rolle schlüpft, die er oder sie für sich internalisieren sollte, ist nicht gleichwertig zu der vom Teilnehmer zu sehen. Der Rollenspieler ist der Stichwortgeber und die Projektionsfläche für den eigentlichen „Hauptdarsteller", den Teilnehmer. Der Rollenspieler handelt gemäß seiner Rolle und den definierten Vorgaben des Charakters, aber überwiegend reaktiv auf das Verhalten des Teilnehmers. Er kann zwar Stichworte einwerfen, die eine Brücke bauen zu anderen Themen, aber wirklich ansprechen sollte der Teilnehmer das Thema, sofern er dieses für wichtig hält. Umgekehrt können auch „Nebelkerzen" gelegt werden, indem der Rollenspieler vom Thema abweicht, ausweicht, andere beschuldigt etc. – auch hier ist die Frage, ob sich der Teilnehmer darauf einlässt oder den Rollenspieler wieder auf zum Thema zurückführt. Außerdem sollte in einem AC-Rollenspiel der Gesprächsanteil des Rollenspielers grundsätzlich niedriger sein als der des Teilnehmers. Der Rollenspieler sorgt letztlich dafür, dass der Teilnehmer sich zeigen und „glänzen" kann, er sollte dem Teilnehmer nicht „die Show stehlen". Die Beobachter sollten hinterher vor allem das Verhalten des Teilnehmers, nicht des Rollenspielers präsent haben.

5.3   Beobachtung von Rollenspielen

5.3.1   Was wird im Rollenspiel beobachtet?

Als multiperspektivisches Verfahren (Obermann, 2017; Schuler, 1996) nehmen an einem Assessment Center in der Regel Beobachter mit unterschiedlichen Hintergründen und ebenso unterschiedlichen Betrachtungsschwerpunkten teil. Meist sind dies

- Linienführungskräfte bzw. Entscheidungsträger und Fachbereichsvertreter,
- Personalentwickler bzw. Vertreter des Personalbereichs,
- (externe) Managementberater als Moderatoren
- sowie evtl. Vertreter des Betriebsrats.

Sie alle beobachten im AC anhand der gleichen Bewertungsgrundlage und des gleichen Bewertungsschemas. Die Beobachtungen werden durch diese Hilfsmittel systematisiert und meist analytisch zergliedert, indem das Beobachtete mittels definierter Kriterien (Kompetenzen) bewertet wird. In der Regel sind dies im Rollenspiel soziale und auf die Interaktion ausgerichtete Kompetenzen sowie Kommunikationskompetenzen.

Die Beobachter beobachten und bewerten sowohl das **Verhalten der Teilnehmenden** (also was die Teilnehmer in die Interaktion einbringen), als auch die **Interaktion zwischen Teilnehmer und Rollenspieler** an sich (siehe Abb. 5.1).

Es reicht also nicht aus, ausschließlich den Beitrag des Teilnehmers zu beschreiben *("Agiert offen und freundlich")*, sondern es ist auch relevant, wie gut sich der Teilnehmer auf die Interaktion einstellt und mit seinem Verhalten zur Qualität der Interaktion beträgt und damit beeinflusst *("Holt den Rollenspieler durch Erläuterung der Hintergründe ab und erlangt hierüber dessen Commitment")*. Die in der AC-Literatur klassische Trennung zwischen Beobachtung und Bewertung von Verhalten verschwimmt an dieser Stelle, wenn die Beobachtung und Beschreibung der Effektivität der gezeigten Verhaltensweisen in der Interaktion festgehalten werden soll. Denn die Beschreibung der Interaktion ist immer auch Ergebnis des Verhaltens des Teilnehmenden und damit eine wertende Interpretation.

Ausgewogenheit/Angemessenheit des Gesprächs. Eine Formel, was ein Gespräch beinhalten muss, um als gut bewertet zu werden, gibt es nicht und kann es nicht geben. Trotzdem bieten sich die allgemeinen Kommunikationsmodelle (z. B. Neuberger, 1996, Schulz von Thun, 1989) an, um ein Gespräch zu charakterisieren (zur weiteren Vertiefung siehe Fiege et al., 2006, „Mitarbeitergespräche"):

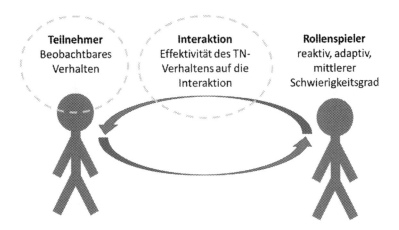

Abb. 5.1 Bewertbare Aspekte der Interaktion im AC-Rollenspiel. (Eigene Darstellung)

- Sind die Sachargumente und die sachliche Betrachtung der Fakten angemessen eingebracht worden? **(Sachebene)**
- Wie viel investiert der Teilnehmer in die Beziehung zum Gesprächspartner? **(Beziehungsebene)**
- Wird der Teilnehmer als Individuum und Persönlichkeit greifbar, was erfährt man in dem Gespräch von/über ihn? **(Selbstoffenbarung)**
- Wie direkt platziert der Teilnehmer seiner Wünsche und Erwartungen an den Rollenspieler? **(Appell)**

Auch wenn es von diesen Facetten in den Extremen ein „zu viel" bzw. ein „zu wenig" geben kann, um ein Gespräch als gut und effizient zu bezeichnen, gibt es dazwischen unendlich viele Facetten, die die Individualität der Teilnehmenden in ihren **Gesprächsstilen** ausmachen.

Beobachterfehler: Falsche Fokussierung
Ein klassischer Fehler, der beim Beobachten von Rollenspielen (und auch anderen AC-Übungen) immer wieder festgestellt wird und sich häufig dann auch in der Ergebniszusammenfassung wiederfinden lässt, ist die falsche Fokussierung oder „Granularität" der Beobachtung. Auch wenn sich die Beobachtung an konkreten Verhaltensweisen orientieren soll, gibt

es hier unterschiedliche Ebenen: Viele ungeübte Beobachter bleiben dabei ‚an der Oberfläche kleben' und beschreiben ausschließlich leicht erkennbares Äußerliches wie Mimik, Körperhaltung, Ausdrucksweise. Selbstverständlich sind auch diese Elemente wichtig für die Wirkung eines Mitarbeitergesprächs, doch dürfen sie nicht die Inhalte und Ergebnisse des Gesprächs ersetzen, welche wiederum Indikatoren sind für Einstellungen und Effektivität des (Führungs-)Verhaltens der handelnden Personen. Crisand (1998) beispielsweise unterscheidet drei Arten von Informationen, die ein Gesprächspartner im Mitarbeitergespräch und somit auch ein Beobachter im AC wahrnehmen kann: (1) **verbale Information** (der sprachliche Inhalt der Äußerungen), (2) **paraverbale Information** (Tempo, Rhythmus, Melodie, Stimmlage) und (3) **nonverbale Information** (Mimik, Gestik, äußeres Erscheinungsbild). Für eine ganzheitliche Betrachtung und Bewertung des Rollenspiels müssen alle drei Ebenen berücksichtigt werden.

Ebenso wie es keinen universellen Gesprächsstil gibt, der in jeder Situation als richtig und gut angesehen wird, können auch die **Abläufe der Mitarbeitergespräche** unterschiedlich gestaltet sein, wobei es einen allgemeinen Konsens gibt, was eine ‚gute Gestalt' eines Gesprächsablaufs ist. Dieser prototypische Ablauf, wie ihn Fiege et al. (2006) zusammenfassen, kann in seinen Teilen als Blaupause eines Mitarbeitergesprächs und damit als weiteres Kriterium zur Bemessung der Güte eines Gesprächs dienen (Tab. 5.1).

Zwar gibt es Möglichkeiten von diesem Muster abzuweichen und trotzdem ein gutes Mitarbeitergespräch zu führen. Doch wirken viele Gespräche, die hiervon

Tab. 5.1 Typische Gesprächsphasen eines Mitarbeitergesprächs. (Nach Fiege et al., 2006, S. 503)

Kontaktaufnahme	Small-Talk, positive Atmosphäre
Informationsphase	Gesprächsziele klären, ggf. Zeit und Ablauf erläutern
Argumentationsphase	Offenes, faires Gespräch, inhaltlicher Austausch, Dialogform, kooperativ, Gesprächsanteile beachten, auf kognitive, emotionale und motivationale Reaktionen des Mitarbeiters achten
Beschlussphase	Eher Problemlösung als „Tell-and-Sell", Ergebnisse und weiteres Vorgehen festhalten
Abschlussphase	Positiver bzw. angemessener Abschluss

abweichen, im ersten Moment ungewöhnlich und ‚nicht rund'. Erreichen sie trotzdem das gewünschte Ziel, darf dies nicht zum Nachteil des Teilnehmers ausgelegt werden, sondern wird seiner Individualität und persönlichen Note zugeschrieben. Dieses außer Acht zu lassen, würde bedeuten, in Assessment Centern vor allem möglichst einförmige Klone bestehen zu lassen.

(Bedeutung der) Nachbefragung zum Rollenspiel. *„In vielen Assessment Center-Verfahren nehmen Gesprächssimulationen einen großen Raum ein. Dies ist sicherlich darauf zurückzuführen, dass mittlerweile kaum noch eine Position existiert, bei der man allein für sich „im Elfenbeinturm" arbeite, sondern es für viele Tätigkeitsbilder zu den Hauptaufgaben gehört, projektorientiert und in Netzwerken zu denken und zu handeln und somit zahlreiche und ganz unterschiedliche Gespräche mit anderen Menschen zu führen. Dies spiegelt sich nicht zuletzt in Stellenausschreibungen wider, in denen wohl keine Anforderung so häufig genannt wird wie Teamfähigkeit"* (Paschen et al., 2013, S. 112). Allerdings wird hierbei häufig übersehen, dass das Gespräch nur das sichtbare Ergebnis der sozialen Kompetenz des Teilnehmers ist, die sich im Handeln manifestiert. Im AC wird daher das Gespräch als soziales Handeln des Teilnehmers häufig mit seiner sozialen Kompetenz gleichgesetzt. Richtig ist, dass Menschen, die sozial kompetent sind, sich sozial adäquat verhalten. Aber nicht jeder, der im Rollenspiel sozial adäquates Verhalten zeigt, muss daher auch als Wesenszug *(trait)* sozial kompetent sein. Er beweist im Rollenspiel nur, dass er die erforderlichen Verhaltensweisen in seinem Verhaltensrepertoire besitzt. Es sagt aber nicht zwingend etwas über seine Motivation aus dieses Verhalten in der Praxis auch zu zeigen. Besonders im Rollenspiel zeigt sich eine Grundannahme des Assessment Centers, die kritisch zu hinterfragen ist, nämlich die vereinfachte Annahme, dass das gezeigte Verhalten (Phänotyp) auch die zugrunde liegende Kompetenz (Genotyp) darstellt (siehe Kap. 2). Im AC wird dies häufig diskutiert unter der Frage, ob das gesehene Verhalten wirklich „authentisch" und „natürlich" ist.

Dieser zumindest verkürzten Annahme kann entgegengetreten werden, indem eben nicht nur das sichtbare Verhalten beobachtet, bewertet und auf allgemeines Verhalten generalisiert wird, sondern auch die dahinter liegende Einstellung hinterfragt wird. Die Nachbefragung dient somit dem Aufbrechen der punktuellen, phänotypischen Diagnostik der Sozialkompetenz. Dies kann entweder im Interview oder unmittelbar nach dem Rollenspiel durch eine Nachbefragung erfolgen. Welche Fragen sich zur Nachbefragung eignen, wurde bereits im Abschn. 4.1 erläutert.

5.3.2 Wie wird das Rollenspiel bewertet?

Wie die Beobachtungen kategorisiert und bewertet werden, hängt von dem häufig vorher schon feststehenden Bewertungsraster ab. Meist ist dies das in dem Unternehmen oder der Beratung eingesetzt Kompetenzmodell. Dies ist eine *„Sammlung und Beschreibung von Kompetenzen, die als relevant erachtet werden, um in Teilen der jeweiligen Organisation oder der Gesamtorganisation (derzeit und in Zukunft) erfolgreich agieren zu können"* (Krumm et al., 2012, S. 6).

Vielfach wird in Rollenspielen vom beobachteten Verhalten auf generalisierte Kompetenzen mit hohem Abstraktionsniveau abstrahiert, zum Beispiel **„Sozialkompetenz", „Kommunikationskompetenz"** oder **„Führung"**. Besser geeignet sind dagegen einzelne Facetten dieser Kompetenzen, die sich eindeutiger aus dem Verhalten ableiten lassen, wie beispielsweise „Gesprächsführung", „Rhetorik", „Dialektik und Argumentation", „Durchsetzungsfähigkeit", „Konfliktmanagement" etc.

Je nach Funktion bzw. Fokus der zugrunde liegenden Anforderungen können auch **methodische Kompetenzen** in der Beobachtung eine Rolle spielen, z. B. „Problemlösen".

Auch **persönliche Kompetenzen** und deren Facetten werden – eher als Nebenprodukt – im Rollenspiel mitbeobachtet: „Dynamik", „Extraversion", „Beharrlichkeit" oder „Frustrationstoleranz".

Wichtig im Zusammenhang mit der Bewertung von Rollenspielen ist, die Bedeutung des Rollenspiels als Indikator für die dahinter befindlichen, allgemeineren Kompetenzen zu berücksichtigen, insbesondere für das Konstrukt der Führung. Aus einem guten Mitarbeitergespräch wird verallgemeinernd geschlossen, dass ein Teilnehmer eine gute Führungskraft ist (oder werden kann). Hierbei wird der richtige deduktive Schluss (‚Gute Führungskräfte können auch gute Mitarbeitergespräche führen') auf den Kopf gestellt und stattdessen ein Induktionsschluss gezogen (‚Wenn jemand es versteht ein gutes Mitarbeitergespräch zu führen, wird er auch eine gute Führungskraft sein'). Dieser Schluss muss nicht falsch sein, steht aber auf tönernen Füßen. In der Gesamtbewertung speziell der Führungskompetenz eines Kandidaten sollte das Rollenspiel daher nur ein Baustein neben anderen Bausteinen (z. B. Interview) sein, wobei das Rollenspiel nur eine punktuelle Momentaufnahme darstellt.

Weiterhin sollten sich die Beobachter im AC darüber klar sein, dass die zu bewertenden Kompetenzen in der Regel nicht überschneidungsfrei sind und dass sich Beobachtungen in bestimmten Fällen entweder der einen oder der anderen Kompetenz zuordnen lassen. Folgt man Neuberger (2001), dass Führung nicht nur Kommunikation bedarf, sondern Kommunikation ist (Siehe Kap. 3), wird dies besonders offensichtlich. So stehen die Beobachter in der Bewertung des gesehenen Rollenspiels häufig vor der Frage, ob es sich dabei um fehlende kommunikative Kompetenzen des Kandidaten handelt – dies wäre dann Führungs-‚Handwerkszeug‘, das in Verhaltenstrainings und Learning by Doing zügig gelernt werden kann. Oder handelt es stattdessen um schlecht ausgeprägte Führungskompetenz, was in den tieferliegenden Strukturen der Einstellung des Kandidaten in Bezug auf Führung, zwischenmenschliches Miteinander etc. begründet liegt. Häufig steht man im AC daher vor dem Paradoxon, dass man Kommunikation sieht und klar bewerten kann, aber eigentlich Führung sehen möchte, welche nur indirekt erschlossen werden kann.

Wichtig bei der Bewertung von Rollenspielen und anderen AC-Übungen ist auch, ob sich die Beobachter an der aktuell existierenden (Führungs-)Kultur im Unternehmen oder der Organisationseinheit orientieren sollen oder an einer erst noch aufzubauenden „Wunsch-Kultur". Wie im folgenden Kapitel noch zu sehen sein wird, ist dies eine Gratwanderung, ob ein Kandidat an einem Maßstab gemessen wird, dessen Anspruch im Unternehmen angestrebt wird, aber noch gar nicht Standard ist oder ob der Kandidat nur vor dem Hintergrund der aktuellen Kultur bewertet wird und somit eventuell die Schwächen der derzeitigen Führungskultur weitergetragen werden („Schmidt-sucht-Schmidtchen-Phänomen").

Bewertung von Rollenspielen

6

6.1 Rollenspielvarianten

Neben der klassischen Form der Rollenspiele, in der ein Kandidat mit einem Rollenspieler ein Gespräch führt, auf das er sich in einer kurzen Zeitspanne vorher vorbereitet hat, gibt es für verschiedene Anlässe und Gegebenheiten Varianten von Rollenspielen, von denen die wichtigsten Typen hier vorgestellt werden sollen.

6.1.1 Rollenspiele mit mehreren Rollenspielern

Die bisher vorgestellten Rollenspiele bezogen sich überwiegend auf Führungssituationen, also Mitarbeitergespräche zwischen *einer* Führungskraft (= AC-Kandidat) und *einem* Mitarbeiter (= Rollenspieler). Eine Spielart dieser Rollenspiele mit zwei Beteiligten ist das Rollenspiel mit drei (oder mehr) Beteiligten. Hierbei werden z. B. mehrere Mitarbeiterrollen von Rollenspielern übernommen. Der Clou dieser Variante besteht darin, dass die Rollen der Gesprächspartner unterschiedlich angelegt sind. Zum einen muss sich der AC-Kandidat auf unterschiedliche Charaktere einstellen, zum anderen findet auch zwischen den beiden Rollenspielern eine Interaktion (i. d. R. ein weiterer Konflikt) statt, worauf der AC-Kandidat als Führungskraft reagieren muss. Es liegt in dieser Triade also schon die kleinste Form einer Gruppenkonstellation vor, die sich theoretisch mit noch mehr Rollenspielern weiter ausbauen ließe. Vorteil dieser Übung ist es, dass sich hierdurch auch im Einzel-Assessment eine Gruppensituation simulieren ließe und zwar unter standardisierten Bedingungen (was eine Gruppendiskussion mit mehreren AC-Teilnehmern nicht ist!). Nachteil ist neben dem Aufwand

J. Bregas, *Rollenspiele im Assessment Center*, essentials, https://doi.org/10.1007/978-3-662-65242-8_6

eines zweiten Rollenspielers, dass bei mehreren Beteiligten der Handlungsanteil des AC-Teilnehmers automatisch niedriger ausfällt. Auch wenn die Dynamik einer solchen Übung meistens höher ist, ist dies doch eher ein ‚Showeffekt' für die Beobachter, als dass damit ein höherer diagnostischer Gewinn eingefahren werden kann als bei einer normalen Rollenspiel-Dyade.

6.1.2 Virtualisiertes Rollenspiel

Spätestens seit der Corona-Krise, in der ein Großteil der Arbeit und Zusammenarbeit virtualisiert wurde, sind auch sogenannte Remote-Assessments im Kommen. Hierunter versteht man die räumlich getrennte Durchführung von Assessment Centern unter Zuhilfenahme von Videokonferenz-Tools. Das Pendant zum klassischen Rollenspiel ist im Remote-Assessment das virtualisierte Rollenspiel, in dem der Kandidat mit besagter Videokonferenztechnik ein Gespräch mit einem Rollenspieler führt. Was als schlechte Alternative zu einem Präsenz-Rollenspiel erscheint, hat in Wirklichkeit mehrere Vorteile. Einer davon ist, dass in einer Welt der virtualisierten Zusammenarbeit das virtualisierte Rollenspiel keine künstliche, lebensferne Situation darstellt, sondern die ‚neue Realität' widerspiegelt. Hierbei handelt es sich aber nicht nur um ein Augenschein-valides Setting, sondern es gibt durchaus auch qualitative Unterschiede zwischen einem Präsenz- und einem Remote-Rollenspiel, die die Notwendigkeit des Remote-Rollenspiels unterstreichen. Vor allem die begrenzte, ausschnitthafte Wahrnehmung des Gegenübers erschwert sowohl die Wahrnehmung und Interpretation des Verhaltens, als auch das eigene Verhalten. So ist ein Teilnehmer gefordert, das Gespräch stärker zu strukturieren bzw. klarer zu moderieren und durch Nachfragen und Sprechpausen den Gesprächspartner abzuholen bzw. Möglichkeiten zur Einbringung zu geben. Die Situation des Remote-Rollenspiel gebietet es, dass der Rollenspieler seinerseits ein wenig „expressiver" als bei Rollenspielen in Präsenz agieren sollte. Auch sollte man sich bei virtualisierten Rollenspielen mehr Zeit zur Nachbefragung nehmen, um zu klären, wie der Kandidat die Situation wahrgenommen und interpretiert hat und wie er hieraufhin sein Handeln ausrichten wollte. Wichtig für die Konzeption von virtualisierten Rollenspielen ist, die virtuelle Kommunikation in das Setting einzubauen und nicht zu tun, als ob beide eigentlich im gleichen Raum wären – im Setting haben beide Gesprächspartner, Führungskraft und Mitarbeiter, ein Mitarbeitergespräch mittels Videokonferenz, bei der sie sich über größere Distanz mit einem Problem oder Konflikt auseinandersetzen. Weitere Hinweise zur Besonderheit von Remote-Assessments und virtualisierten Rollenspielen finden sich bei Bregas et al. (2022).

6.1.3 Lernpotenzialerfassung mittels Rollenspielwiederholung

Sarges (1996b) kritisiert am Assessment Center, dass es eher eine Statusdiagnostik ist und damit nur zum Teil das erfasst, was für die zukünftige Tätigkeit relevant ist. Sein Lösungsvorschlag ist das Lernpotenzial-AC: „Schließlich ist es sinnvoller, das Richtige ungefähr (nämlich die Lernfähigkeit und die Lernbereitschaft in ausreichender Breite) als nur Teilrichtiges (z. B. das Verhalten in einer Postkorbübung) exakt zu messen" (S. 98). Bei dieser AC-Spielart wird das Lernpotenzial, also die Lernfähigkeit und Lernbereitschaft, an (mindestens) zwei Zeitpunkten mit dazwischen liegender Lernphase erfasst. Hierzu werden die Kandidaten inhaltlich in den Übungen zur kognitiven und sozial-interaktiven Auseinandersetzung mit komplexen Problemen und Herausforderungen von entsprechender Tragweite bezogen auf die angestrebte Funktion angeregt und erhalten zwischen den Messzeitpunkten Feedback zu ihren Leistungen. Weiterhin schlägt Sarges vor, schon vor dem Lernpotenzial-AC eine vorbereitende Lernphase zu den Themen des ACs vorzuschalten und auch die Beurteilungskriterien transparent zu machen.

Im Rahmen dieser Lernpotenzial-ACs sind wiederholte Rollenspiele ein mögliches und wichtiges Element, da diese wie beschrieben das Konglomerat dieser komplexen kognitiven, emotional-motivationalen und sozialen Anforderungen gut in beobachtbarem Verhalten abbilden. Selbstverständlich wird hierbei nicht das gleiche Rollenspiel nach einem Zwischenfeedback ein zweites Mal durchgeführt, sondern es handelt sich i. d. R. um eine Parallelversion, also ein strukturell vergleichbares, inhaltlich unterschiedliches Rollenspiel (Görlich et al., 2007). Da der Gesprächspartner im Rollenspiel nicht 1:1 den gleichen Charakter erneut spielen soll, wäre es hier ratsam, einen anderen Rollenspieler für das zweite Rollenspiel einzusetzen, um den Teilnehmer nicht zu verwirren. Bei den Beobachtern dagegen sollte Wert auf Kontinuität gelegt werden, da es im Vergleich der komplexen Verhaltensweisen der Teilnehmenden in den beiden Rollenspielen vor allem die qualitativen Beobachtungen (und nicht nur die quantitativen Bewertungen) sind, die zur Einschätzung des gezeigten Lernpotenzials führen.

6.1.4 Kurze Rollenspielsequenzen im Rahmen von Interviews

Bei den bisherigen Rollenspielen wurde davon ausgegangen, dass es sich um eine fest eingeplante Übung innerhalb des Assessment Centers handelt, die ihren festen zeitlichen Rahmen und ein konkretes Setting bestehend aus Teilnehmeranweisung, Rollenspieleranweisung und Beobachterhinweisen hat. Eine weitere Möglichkeit besteht darin, kurze Rollenspielsequenzen flexibel (‚agil‘) beispielsweise in das Interview einzubauen.

Handelt es sich um ein kompetenzbasiertes Interview, in dem verschiedene Kompetenzen der Reihe nach hinterfragt werden, ist es üblich, sich reale Beispiele aus der Vergangenheit des Kandidaten nennen und erläutern zu lassen. Gerade in diesen Sequenzen, in denen Interviewer und Interviewter gemeinsam in die Ereignisse der Situation eintauchen, bieten sich häufig Gelegenheiten, direkt und häufig unmittelbar, manchmal sogar ohne das zu benennen, was jetzt geschieht, in die Rolle eines der Protagonisten einzusteigen, den Interviewten aus dieser Rolle heraus anzusprechen und in einen Dialog zu gehen. Dies geht natürlich nur, wenn es gelungen ist, im Interview in einen Gesprächs-Flow mit dem Kandidaten zu kommen. Hierbei sind beide so gut in den Dialog gegangen, dass das Interview nicht mehr einem verhörartigen Frage-Antwort-Spiel ähnelt, sondern beide um ein wirkliches Verstehen und Begreifen des anderen bemüht sind. Neben dieser Voraussetzung, die gegeben sein muss, damit man unvorbereitet in eine solche Rollenspielsequenz einsteigt, spricht die fehlende Standardisierung dagegen. Diese betrifft sowohl die Gleichbehandlung bei mehreren AC-Teilnehmern, als auch die Standardisierung der Rollenspielerrolle, welche stark an der Person des Interviewers hängt.

6.2   Kritik am Rollenspiel

In diesem Abschnitt sollen klassische Kritikpunkte am Rollenspiel beleuchtet und hinterfragt werden. Wo es möglich ist, werden Hinweise darauf gegeben, wie auf die vorgetragenen Kritikpunkte reagiert werden kann oder wie die Kritikpunkte durch Änderung des AC-Settings abgeschwächt werden können.

„Schauspielerei". Viele AC-Teilnehmer kritisieren, dass es sich bei Rollenspielen doch eher um Schauspielerei handle. *„Ein Aspekt, der sicherlich immer besonders dann zutrifft, wenn die durchgeführte Gesprächssituation die zentralen Anforderungen nicht abbildet oder eine geringe Realitätsnähe aufweist"*, so Paschen et al. (2013, S. 112). Diesem Punkt kann also durch sorgfältige Anforderungsanalyse und eine vom Fachbereich qualitätsgesicherte Übungskonzeption entgegengetreten werden. Haben Sie als Konstrukteur hier sauber gearbeitet, scheint es eher eine Schutzbehauptung des Kandidaten zu sein, deren Grund zu hinterfragen ist

(Angst das hochglanzpolierte Impression Management zu beschädigen, Hochmut gegenüber angeblich trivialen Verhaltensproben etc.).

Laborsituation, künstliche Situation. Ein ebenfalls häufig genannter Kritikpunkt seitens der AC-Teilnehmenden fokussiert die Künstlichkeit der Situation und unterstellt – mal eher implizit, mal sehr explizit –, dass man sich ‚im realen Leben' ganz anders verhalten würde und das Rollenspiel als AC-Übung diese Realität nicht wiedergebe. Kritisiert wird also die (vorhandene oder nicht vorhandene) Augenscheinvalidität des Settings. Ein Rollenspielszenario als Stimulus kann allerdings strenggenommen nicht künstlich sein, sondern ist immer ein Stimulus – nur die Verhaltensweise des AC-Teilnehmers als Reaktion kann authentischer sein (indem sie der für den Teilnehmer üblichen Verhaltenstendenz entspricht) oder künstlicher (indem das Verhalten an den vermuteten Erwartungen der Beobachter ausgerichtet wird). Damit wird das Rollenspielszenario nur als Begründung für mögliches sozial erwünschtes Verhalten angeführt. Allerdings greift der Kritikpunkt der Laborsituation und Künstlichkeit tatsächlich dann und nur dann, wenn das Rollenspielszenario als Stimulus eine Anforderung erhebt, die für die zu besetzende Stelle irrelevant ist.

(Punktuelle) Statusdiagnostik, Momentaufnahme. Dieser Kritikpunkt, der häufig auf das Assessment Center als Ganzes angewandt wird, greift beim Rollenspiel als einzelner Übung umso mehr. Zwar gilt bei der AC-Konzeption der Grundsatz, dass Anforderungen immer in mehreren (mindestens zwei) AC-Übungen erhoben werden sollten. Doch ändert es nichts an der AC-Praxis, dass die Bewertung der sozialen Kompetenzen sehr stark am Abschneiden im Rollenspiel festgemacht wird. Selbst wenn ein Kandidat im Interview viele gute Beispiele nennen kann, bei denen er in der Vergangenheit erfolgreich schwierige soziale Situationen bewältigt hat, wird das direkt beobachtbare Verhalten höher gewertet (siehe Antezedenzien, Kap. 2). Die Beobachter müssen sich daher diese unbewusste, stärkere Gewichtung bewusst machen, insbesondere da selten die Möglichkeit besteht, mehrere Rollenspiele hintereinander durchzuführen, um hierdurch den punktuell gewonnenen Eindruck über die sozialen Kompetenzen zu verifizieren oder zu falsifizieren. Neben der oben erwähnten Interviewbefragung zu konkreten Situationen und Verhaltensweisen in der Vergangenheit kann und sollte das Gewicht des einmaligen Eindrucks aus dem Rollenspiel dadurch gemindert werden, indem das Rollenspiel in der Nachbefragung auf der Metaebene vom Kandidaten reflektiert wird, um abzuwägen, wie repräsentativ das Verhalten des Rollenspiels für das Verhalten in der Arbeitspraxis ist. Weiterhin kann die Hinzunahme eines

360°-Feedbacks dazu dienen, die punktuelle Diagnostik der Einmalmessung auf-
zulösen und stattdessen für die Bewertung sozialen Verhaltens einen größeren
Zeitraum zu betrachten.

**Zu wenig Vorbereitungszeit/zu wenig Zeit für die Durchführung/in der Praxis
anders.** Dass zu wenig Zeit für die Vorbereitung auf das Rollenspiel zur Verfügung steht, wird i. d. R. nur dann kritisiert, wenn (a) die Teilnehmerinformationen
zum Rollenspielfall wirklich zu umfangreich und komplex sind oder (b) *gar keine*
Zeit zur Vorbereitung zur Verfügung steht, das Rollenspiel also spontan durchgeführt wird. Auch wenn sich spontane Rollenspielsituationen gelegentlich anbieten
(s. o.), sollten diese eher die Ausnahme als die Regel sein. Kandidaten sollten die
Zeit haben, um sich vorzubereiten. Anderenfalls greift der Kritikpunkt der punktuellen, zufälligen Verhaltensreaktion, wie er oben beschrieben wurde. Die Länge
der Vorbereitungszeit sollte immer an der Länge der Teilnehmerinformation und
der Komplexität des Falls ausgerichtet sein. Dabei sollte nicht nur berücksichtigt
werden, wie lange der Kandidat zum Lesen der Instruktion braucht, sondern er
sollte auch die Zeit haben, sich Gedanken zum Gesprächsaufbau und -ablauf zu
machen.

Ernstzunehmender ist der häufig zu hörende Satz: *„Für ein so wichtiges Thema
würde ich mir in der Realität deutlich mehr Zeit nehmen als nur eine Viertelstunde."*
Hier ist zu hinterfragen, ob das Thema wirklich für ein Rollenspiel geeignet oder
zu umfangreich/komplex ist. Häufig wird die Kürze der Zeit für die Durchführung des Rollenspiels aber auch einfach als gegebene Rahmenbedingung in Kauf
genommen und den Teilnehmenden ebenso vermittelt: Hat man nur eine Viertelstunde zur Verfügung, steht man auch in der Praxis vor der Frage, ob man ein
wichtiges Thema in der kurzen Zeit trotzdem bespricht oder ob man es gar nicht
erst anspricht und auf später verschiebt. Ein Thema gar nicht oder nicht zeitnah
zu besprechen, ist dabei meistens die schlechtere Wahl.

Mit der Kritik, dass es in der Praxis eigentlich ganz anders laufe, wird häufig
gemeint, dass das Gespräch als Reaktion auf eine vorher stattgefundene Ursache
meist unmittelbarer stattfindet und sich fließend an das Auftreten des eigentlichen Gesprächsanlasses anschließt: In der Praxis ist das Gespräch keine aus dem
Strom des Arbeitsverhaltens herausgelöste Entität, sondern integraler Bestandteil. Hierauf wurde ab den 90er Jahren reagiert, indem die Assessment Center
„dynamisiert" wurden, d. h. es wurde ein Szenario geschaffen, in dem sich die
Übungen aufeinander bezogen und inhaltlich aneinander anschlossen (Aldering,
1996). Dies wurde primär mit dem Ziel der Erhöhung der Augenscheinvalidität

aus Sicht der Teilnehmenden gemacht. Es erhöhte aber auch den Grad der Künstlichkeit, was wiederum in den Folgejahren zu einem Rückgang der durchgängigen Rahmenszenarien und aufeinander aufbauenden Übungen führte.

„Schmidt sucht Schmidtchen". Dieser Kritikpunkt kommt nicht vonseiten der Teilnehmenden oder Beobachter, sondern ist ein genereller Kritikpunkt an der AC-Methodik und kann auch von Mitarbeitenden vorgebracht werden, die bei einer Positionsbesetzung nicht berücksichtigt wurden und nicht am AC teilnahmen. Der Kritikpunkt lautet, dass insbesondere diejenigen Kandidaten erfolgreich im AC abschneiden, die eine hohe Ähnlichkeit zu den aktuellen Führungskräften haben und damit eher systemstabilisierend auf die (Führungs-)Kultur wirken, als dass sie durch ihre Individualität und Persönlichkeit eine Bereicherung der Vielfalt in der Kultur darstellen (Kompa, 2004). So wird insbesondere in der Nachbesprechung von Rollenspielen häufig die Frage erwogen: *Inwiefern passt das im Rollenspiel gesehene Verhalten zu den Mitarbeitenden in der jeweiligen Organisationseinheit?* Und wenn beides gut zueinander passt: *Will man das denn?* Die Vermeidung dieses „Schmidt-sucht-Schmidtchen"-Phänomens wird zum einen durch die Auswahl neutraler Beobachter mit hinreichender neutraler Distanz zum Zielbereich gewährleistet, zum anderen durch saubere Anforderungserhebung, -definition und -kommunikation im Vorfeld.

Eine weitere Alternative besteht darin, nicht Anforderungen im Sinne von psychologischen Kompetenzen oder Erwartungen von konkreten Verhaltensweisen zu definieren. Diese klassische Vorgehensweise führt generell häufig zur Skizzierung eines unrealistischen Anforderungsprofils, dem kein Kandidat gerecht werden kann. Insbesondere in einem zunehmend volatileren Umfeld („VUCA-Welt") wird der Vorschlag gemacht, die thematischen Herausforderungen des Bereichs als Kriterien zu nutzen: Statt mit einer vorgefertigten Schablone in das AC zu gehen, wie ein Idealkandidat auszusehen habe, lässt man den Kandidaten bei der Lösung bzw. den Lösungsvorschlägen freie Hand. Dies kann zu Lösungsansätzen führen, die aus Sicht des Unternehmens unkonventionell sind und vielleicht bisher noch nicht in Betracht gezogen worden sind. Aber entscheidend ist in diesem Fall, ob der Lösungsvorschlag wirkt (Riedel, 2017). Übertragen auf das Rollenspiel als AC-Übung bedeutet es zum einen, in der Teilnehmeranweisung auf vorgegebene, konkrete Handlungsaufträge zu verzichten und den Kandidaten nach der Beschreibung der Problemsituation freie Handlungswahl zu lassen und das Ziel eines Gesprächs selbst zu setzen. Zum anderen bedeutet es, auch unkonventionelle Gespräche nach ihrer Wirkung/Effektivität zu bewerten: Auch wenn wir in Abschn. 5.3.1 einen mehr oder weniger allgemein gültigen Gesprächsablauf

definiert haben, ist auch ein Gespräch, das völlig entgegen diesem Ablauf durchgeführt wird, positiv zu bewerten, sofern es am Ende ein erfolgreiches Gespräch
darstellt.

6.3   Weshalb trotzdem Rollenspiele?

Rollenspiele haben ihren festen Platz im Assessment Center. Als Verhaltenssi-
mulationen, die die Realität ab- oder nachbilden sollen, lassen sich mit ihnen
eine Vielzahl erfolgskritischer Situationen der Tätigkeit in Organisationen abbilden, unabhängig davon, ob man als Führungskraft, Verkäufer, Projektleiter oder
Call Center-Mitarbeiter in dieser tätig ist. Schließt man sich beispielsweise der
Aussage von Neuberger (2001) an, dass alles Führungshandeln aus Gesprächen
besteht, wäre es fahrlässig, diese Tätigkeit bei der Auswahl neuer Führungskräfte nicht zu berücksichtigen. Zwar lässt sich das Verhalten auch über andere
Wege, z. B. durch Interviews, in Erfahrung bringen, doch ist hier wiederum die
Sprache ein limitierender Faktor: Jede Aussage darüber, wie man sich in der
Praxis verhalten würde, stellt immer nur einzelne Aspekte in den Vordergrund
und kann immer nur die Intention des AC-Kandidaten und nicht die tatsächliche
Wirkung und Effektivität erfassen. Selbst unter der Annahme, dass die berich-
teten Verhaltensbeispiele wirklich repräsentativ sind und nicht sozial erwünscht
wiedergegeben werden, kommen sie nicht an die komplexe Wahrnehmung der
Wirkung eines live beobachteten Verhaltens heran, auch wenn dieses „nur" eine
Rollenspielsimulation darstellt.

Richtig ist aber auch, dass auch das Rollenspiel alleine nicht ausreicht, um
das zu erfassen, was es eigentlich erfassen möchte. Das Erfolgsrezept des Assessment Centers ist schließlich der Methodenmix: die aufeinander abgestimmte und
sich komplementär ergänzende Zusammenstellung unterschiedlicher Ansätze und
Übungen. Somit ist eine Diskussion über die Wichtigkeit des Rollenspiels *losgelöst aus dem AC-Kontext* obsolet, da es erst im Zusammenspiel mit anderen
Übungen seine Stärke entfaltet.

Zum Schluss soll noch auf einen weiteren Aspekt hingewiesen werden,
nämlich den Nutzen, den ein Rollenspiel über die diagnostische Situation des
Assessment Centers hinaus hat. Rollenspiele eignen sich wie jede andere Übung,
die in einem Assessment Center verwendet wird, durch ihre anschließende
Rückmeldung als Ausgangsbasis für Maßnahmen der Personalentwicklung. Da
Rollenspiele in der Einschätzung der AC-Teilnehmer eine höhere Realitätsnähe
als andere AC-Übungen wie Postkorb-Übung, führungslose Gruppendiskussionen,
Fact-Finding-Übungen oder Computer-Simulationen besitzen, können im Feed-
back viele Lernfelder hieran besser verdeutlicht werden und Verständnis für die

Bewertung schaffen. Wichtig hierfür ist es, dass die relevanten Punkte klar her-ausgearbeitet werden und hierbei Einstellung, Intention, Verhalten und Wirkung ineinandergreifen. Zwar kann einem Kandidaten mitgegeben werden: *„Versu-chen Sie einmal, in Gesprächen mit Mitarbeitern mehr mit Fragen zu arbeiten"*, doch trifft dies nicht den eigentlichen Kern, wenn die damit verbundene Einstel-lung *(„Binden Sie Ihre Mitarbeiter mehr ein, gestalten Sie gemeinsame Lösungen, agieren Sie kooperativer")* nicht vermittelt bzw. vom AC-Teilnehmer nicht angenommen wird. Rollenspiele sind damit als Bindeglied zwischen Eignungs-diagnostik und Personalentwicklung der phänotypische Zugang zu genotypischen Einstellungen und überdauernden Verhaltensmustern. Als Methode, die sowohl in der Eignungsdiagnostik als auch im Managementtraining genutzt wird, sind Rollenspiele Übungs- und Reflexionsgegenstand in einem, die zudem eine hohe Akzeptanz bei den Beteiligten, allen voran den AC-Teilnehmern, genießen.

Was Sie aus diesem *essential* mitnehmen können

- Konzeption und Durchführung von Rollenspielen sind keine Kunst, sondern ein Handwerk, das nach Regeln funktioniert und erlernt werden kann, aber trotzdem einer gewissen Profession/„Handwerklichkeit" bedarf
- Für die Diagnostik sozialer Kompetenzen sind Rollenspiele im AC fast unersetzbar, haben aber auch ihre Schwachstellen und Grenzen
- Gute Rollenspiele sind weder ‚Spiele', noch Simulationen ‚richtigen' Verhaltens – sie sind Verhalten, das es zu beobachten, zu interpretieren und im angemessenen Maß auf andere Fragestellungen zu verallgemeinern gilt
- Ihre größte Wirkung erlangen Rollenspiele im klugen Zusammenspiel mit anderen Übungstypen im Assessment Center

J. Bregas, *Rollenspiele im Assessment Center*, essentials, https://doi.org/10.1007/978-3-662-65242-8

Literatur

Aldering, C. (1996). Projektleiter-Assessment – Beispiel eines dynamisierten Assessment Centers. In W. Sarges (Hrsg.), *Weiterentwicklungen der Assessment Center-Methode* (S. 167–177). Verlag für Angewandte Psychologie.

Arbeitskreis Assessment Center e. V. (Hrsg.). (1995). *Assessment Center in der betrieblichen Praxis. Erfahrungen und Perspektiven.* Windmühle.

Bandura, A. (1976). *Lernen am Modell.* Klett.

Beitz, H., & Loch, A. (2009). *Assessment Center: Erfolgstipps und Übungen für Bewerber.* Goldmann.

Bolte, E.-A., & Jung, P. (1995). Konstruktion eines Assessment Centers – Anforderungen, Übungen. In Arbeitskreis Assessment Center (Hrsg.), *Das Assessment Center in der betrieblichen Praxis* (S. 69–82). Windmühle.

Bolte, E.-A., & Sünderhauf, K. (2005). Konstruktion von Assessment Center Übungen. In K. Sünderhauf, S. Stumpf, & S. Höft (Hrsg.), *Assessment Center – von der Auftragsklärung bis zur Qualitätssicherung* (S. 138–154). Pabst Science Publishers.

Bregas, J., Heberle, K., & Nagels, F. (2022). *Digitale Formate in der Personalentwicklung: Überblick und Hilfestellung für die berufliche Praxis.* Springer Fachmedien.

Broich, J. (1980). *Rollenspiele mit Erwachsenen. Anleitungen und Beispiele für Erwachsenenbildung, Sozialarbeit, Schule.* Rowohlt.

Crisand, E. (1998). *Das Gespräch in der betrieblichen Praxis.* I. H. Sauer-Verlag GmbH.

Fiege, R., Muck, P. M., & Schuler, H. (2006). Mitarbeitergespräche. In H. Schuler (Hrsg.), *Lehrbuch der Personalpsychologie* (S. 471–522). Hogrefe.

Fisseni, H.-J., & Preusser, I. (2006). *Assessment-Center: Eine Einführung in Theorie und Praxis.* Hogrefe.

Gabrisch, J. (2014). *Die Besten im Gespräch – Leitfaden für erfolgreiche Mitarbeitergespräche von Auswahl bis Zielvereinbarung.* Luchterhand.

Görlich, Y., Schuler, H., & Golzem, I. (2007). Entwicklung paralleler Rollenspiele. In H. Schuler (Hrsg.), *Assessment Center zur Potenzialanalyse* (S. 256–273). Hogrefe.

Günther, M. (2019). *Pädagogisches Rollenspiel. Wissensbaustein und Leitfaden für die psychosoziale Praxis.* Springer Fachmedien.

Hesse, J., & Schrader, H. C. (2002). *Assessment Center: Das härteste Personalauswahlverfahren bestehen.* Eichborn.

Hossiep, R., Zens, J. E., & Berndt, W. (2020). *Mitarbeitergespräche – Motivierend, wirksam, nachhaltig.* Hogrefe.

J. Bregas, *Rollenspiele im Assessment Center,* essentials,
https://doi.org/10.1007/978-3-662-65242-8

Jeserich, W. (1987). *Mitarbeiter auswählen und fördern.* Hanser.

Jeserich, W. (1996). 18 Jahre Erfahrung mit Assessment Centern in Deutschland. In Arbeitskreis Assessment Center e. V. (Hrsg.), *Assessment Center als Instrument der Personalentwicklung: Schlüsselkompetenzen, Qualitätsstandards, Prozessoptimierung* (S. 56–72). Windmühle.

Jung, P. (2000). Rollenspiele. In W. Sarges (Hrsg.), *Managementdiagnostik* (S. 591–596). Hogrefe.

Kleinmann, M. (Hrsg.). (1997). *Assessment-Center: Stand der Forschung – Konsequenzen für die Praxis.* Verlag für Angewandte Psychologie.

Kleinmann, M. (2013). *Assessment Center.* Hogrefe.

Kochan, B. (Hrsg.). (1981). *Rollenspiel als Methode des sozialen Lernens.* Athenäum.

Kompa, A. (2004). *Assessment Center – Bestandsaufnahme und Kritik.* Hampp.

Kratz, H.-J. (2013). *20 Rollenspiele für Führungssituationen: Für Trainer, Coaches, Berater und Führungskräfte.* Beltz.

Krumm, S., Mertin, I., & Dries, C. (2012). *Kompetenzmodelle.* Hogrefe.

Lattmann, C. (Hrsg.). (1989). *Das Assessment-Center-Verfahren der Eignungsbeurteilung: Sein Aufbau, seine Anwendung und sein Aussagegehalt.* Physica.

Maier, N. R. F., Solem, A. R., & Maier, A. A. (1977). *Rollenspielpraxis im Führungstraining: Ein Handbuch.* Gabler.

Neuberger, O. (1996). *Miteinander arbeiten – miteinander reden! Vom Gespräch in unserer Arbeitswelt.* Bayerisches Staatsministerium für Arbeit und Sozialordnung, Familie, Frauen und Gesundheit.

Neuberger, O. (2001). *Das Mitarbeitergespräch – Praktische Grundlagen für erfolgreiche Führungsarbeit.* Rosenberger Fachverlag.

Obermann, C. (2017). *Assessment Center: Entwicklung, Durchführung, Trends Mit neuen originalen AC-Übungen.* Springer Gabler.

Obermann, C., Höft, S., & Becker, J.-N. (2016). Assessment Center-Praxis 2016: Ergebnisse der aktuellen AkAC-Anwenderbefragung. In Arbeitskreis Assessment Center e. V. (Hrsg.), *Was kommt, was bleibt: Personalauswahl und Personalentwicklung zwischen Wandel und Konstanz* (S. 663–681). Pabst Science Publishers.

Paschen, M., Beenen, A., Turck, D., & Stöwe, C. (2013). *Assessment Center professionell: Worauf es ankommt und wie Sie vorgehen.* Hogrefe.

Püttjer, C., & Schmierda, U. (2019). *Assessment-Center-Training für Führungskräfte: Die wichtigsten Übungen – die besten Lösungen.* Campus.

Riedel, T. (2017). *Agile Personalauswahl.* Haufe Verlag.

Sader, M. (1986). *Rollenspiel als Forschungsmethode.* Westdeutscher Verlag.

Sarges, W. (Hrsg.). (1996a). *Weiterentwicklungen der Assessment Center-Methode.* Verlag für Angewandte Psychologie.

Sarges, W. (1996b). Lern-Potential-Assessment Center. In W. Sarges (Hrsg.), *Weiterentwicklung der Assessment Center-Methode* (S. 97–108). Verlag für Angewandte Psychologie.

Schaller, R. (2006). *Das große Rollenspiel-Buch: Grundtechniken, Anwendungsformen, Praxisbeispiele.* Beltz.

Schuler, H. (1996). *Psychologische Personalauswahl. Einführung ind in Berufseignungsdiagnostik.* Hogrefe.

Schuler, H. (2001). *Lehrbuch der Personalpsychologie.* Hogrefe.

Schuler, H. (2002). *Das Einstellungsinterview.* Hogrefe.

Schuler, H. (Hrsg.). (2007). *Assessment Center zur Potenzialanalyse.* Hogrefe.

Schuler, H., & Mussel, P. (2016). *Einstellungsinterviews vorbereiten und durchführen.* Hogrefe.

Schuler, H., & Stehle, W. (Hrsg.). (1987). *Assessment Center als Methode der Personalentwicklung.* Verlag für Angewandte Psychologie.

Schulz von Thun, F. (1989). *Miteinander reden – Störungen und Klärungen.* Rowohlt Taschenbuch.

Schützenberger, A. (1976). *Einführung in das Rollenspiel.* Klett.

Stärk, J. (2021). *Assessment-Center erfolgreich bestehen: Das Standardwerk für anspruchsvolle Führungs- und Fach-Assessments.* GABAL.

Sünderhauf, K., Stumpf, S., & Höft, S. (Hrsg.). (2005). *Assessment Center: Von der Auftragsklärung bis zur Qualitätssicherung.* Pabst Science Publishers.

Sünderhauf, K. (2005). Das Training der Rollenspielpartner im Assessment Center. In K. Sünderhauf, S. Stumpf, & S. Höft (Hrsg.), *Assessment Center – von der Auftragsklärung bis zur Qualitätssicherung* (S. 155–162). Pabst Science Publishers.

Springer

}essentials{

Jens Bregas · Krischan Heberle · Farina Nagels

Digitale Formate in der Personalentwicklung

Überblick und Hilfestellung für die berufliche Praxis

Springer

Jetzt bestellen:
link.springer.com/978-3-662-64647-2

Printed in the United States
by Baker & Taylor Publisher Services